創作者の体感世界

南方熊楠から米津玄師まで

横道誠

光文社新書
1295

創作者の体感世界

南方熊楠から米津玄師まで

横道誠

光文社新書

はじめに――当事者批評宣言！

二一世紀になって、日本では「当事者」という言葉がよく使われるようになった。働いている分野や関心のある領域によっては、「当事者」という言葉に出あったことがないという人もいるかもしれないけれども、とくに福祉や社会運動の世界は、この二〇年ほど「当事者の時代」だったと言えそうだ。おもに女性、子ども、高齢者、障害者、病人、ＬＧＢＴＱ＋のように、少数派の側に属していたり、発揮できる力を奪われがちだったりする側の人々が、じぶんたちは「専門家」ではないかもしれないが、「当事者」としてあげるべき声を持っていると主張した。当事者は学術的・職能的知識を備えた「専門家」ではないとしても、体験的知識によって裏打ちされた「経験専門家」と言うべき存在だ。

「当事者の時代」をもっとも象徴するもののひとつが、「当事者研究」だろう。北海道にある地域活動拠点、「浦河《うらかわ》べてるの家」で始まった取りくみで、障害や難病の「当事者」が同じような問題で苦しむ仲間とともに、みずからの「苦労」の仕組みを共同研究し、生きづらさの削減をめざしていく。そこから生まれた記録は、ときとして文化人類学の民俗誌（エスノグラフィー）を思わせるような手厚いものになる。

なかには「当事者だって嘘をつくことがある」と「当事者研究」を否定する論者もいる。「当事者」と言えば正々堂々と真実の証人になっているという印象が生まれやすいが、「当事者」も人間だから、いや、多くの人間以上に後ろめたいことも抱えこんでいるだろうから、嘘をつくことは自分を「非当事者」と考えている人より多いくらいかもしれない。記憶違いや誤解だって、たくさんある。だが、苦労の嵐のなかを嘘を交えながらも、記憶違いや誤解にまみれながらも生きていこうとするその姿には、まさに当事者ならではの真正性が宿っていると言わなければならない。

本書は、その当事者研究を発展させた「当事者批評」の書だ。当事者批評とはなんなのか。じつはこれは筆者が考えた言葉ではない。当事者批評とは、筆者の最初の単著単行本『みんな水の中――「発達障害」自助グループの文学研究者はどんな世界に棲《す》んでいるか』（医学書院、二〇二一年）に精神科医の斎藤《さいとう》環《たまき》が与えてくれたジャンル名だ。筆者が発達障害者として文学や芸術をいかに体験してきたかを示したことに対して、斎藤はつぎのように書いた（斎藤 2021b: 28）。

私たち定型発達者（マジョリティー）にも、文学や芸術を通じて発達障害者の世界の一部を共有し、横道のいう「脳の多様性」に思いを馳せることができる。その時過去の傑作群は、まったく異なる相貌をもって立ち現れるだろう。これが面白くないわけがない。その意味で本書は批評の書だ。／作品や作家を診断するのが「病跡学」なら、ここにあるのは病跡学を反転させた「当事者批評」という新しい可能性の端緒なのだ。

「病跡学」という言葉も耳慣れないと感じる読者は多いだろう。精神科医が創作者の生育歴や作品を分析し、その創造性の源泉を精神疾患に見いだしていく学問分野が「病跡学」と呼ばれる。強い社会的偏見や差別を呼びこんできた精神疾患（かつては「精神病」と呼ばれた）を、作品を創造するエンジンとして解釈しなおす画期的な学問だったと言って良い。しかし残念ながら病跡学には、実際には精神科医がおもとして亡くなった創作者に対して診察をすることもなく（それはできるわけがない）、独断的な「診断」を一方的にくだしていく醜悪で権威主義的な学問に変貌している側面もある。

当事者批評は、患者の側が作品論ないし作者論をおこなうことで自己の体験世界を表明する点で、「逆病跡学」と位置づけられると考える。本書は、そのようなものとしての当事者批評を、論集のかたちで実践し、筆者の体験世界を改めて立ちあげていく。それはどのような体験世界か？　筆者が、さまざまな創作者をじぶんの分身と見なし、慰められ、生きる勇気を与えられてきたという体験世界だ。

本書で「当事者批評」の確立を宣言したい！　そのような意欲を持って、本書を世に送りだす。

なお斎藤らは、創作力と精神疾患の関係に注目しながらも、創作者は精神疾患を健康生成《サルトジェネシス》によって克服することで創作していたのではないか、という見立てを示す「サルトグラフィー」を推進している。サルトグラフィーとはパトグラフィー（病跡学）を変形させた語で、「健跡学《けんせきがく》」などと訳せるだろう。筆者はこの見立てに賛成する立場から、本書の当事者批評に取りくんでいる。つまり、本書は論じる対象とする人々の健康に対する賞賛でもある。なぜなら筆者は、彼ら（のほとんど）は発達障害の特性がありつつも、発達障害者ではなかったと考えているからだ。

創作者の体感世界

目次

目次・章扉デザイン／熊谷智子

序章

水中世界感

そもそも発達障害とは何か

「脳の多様性」という考え方

当事者批評には、さまざまな可能性がある。トランスジェンダー女性の当事者批評も、外国人留学生の当事者批評もあるだろう。本書は、それらの無限の可能性の一端として、筆者自身の発達障害者としての属性に照らした当事者批評を遂行していく。

まずは発達障害について説明しておこう。

発達障害の精神医学での正式名称は「神経発達症」という。自閉スペクトラム症（ＡＳＤ）、注意欠如多動症（ＡＤＨＤ）、限局性学習症（ＳＬＤ）、発達性協調運動症（ＤＣＤ）、チック症群、児童期発症流暢症（吃音《きつおん》）などが発達障害の下位カテゴリーということになっている。知的発達症（知的能力障害）も神経発達症の下位カテゴリーに入るけれども、日本の行政では知的障害と発達障害は別物として扱われている。知的障害を含めて発達障害は併発することが多く、筆者の場合には自閉スペクトラム症とＡＤＨＤを診断されているほか、発達性協調運動症、吃音、チック症も明らかで、限局性学習症の傾向もある。

発達障害という語感は、生後の発育に障害が起きたという印象を与えるが、発達障害は現在では一般的に先天的なものだと考えられている。能力的に際立った人も多く、歴史上の偉人たちも、しばしば発達障害の特性を濃厚に帯びた人たちだっただろうと推測されている。

これらの実情を背景として、ニューロダイバーシティ（脳の多様性）という考え方が支持を広げている。発達障害のない「定型発達者」は「脳の多数派」、発達障害者は「脳の少数派」ということになる。ちょうど性的少数派（ＬＧＢＴＱ＋）と性的多数派の関係のように、発達障害者と定型発達者のあいだに優劣の差異を読みこむのはおかしいという異議申し立てがおこなわれているのだ。

　脳の多様性を生かすための最大の鍵は、環境調整にある。社会の多くの場所は多数派の定型発達者にとって望ましいかたちに整備されているため、逆に言えば発達障害者には最適化されていない。発達障害者が生きる場所を彼らのそれぞれにとってストレスフリーなものに調整することで、彼らは健康な生活を送れるようになるし、特性に応じた活躍も見込めるようになる。その環境を確保できなければ、やがて発達障害者は鬱病、双極症、適応障害、不眠障害、社交不安症、パーソナリティ症、心的外傷後ストレス症（ＰＴＳＤ）などの二次障害を罹患し、学業や労働を正常に営めなくなってしまうだろう。つまり、発達障害の特性自体は「脳の多様性」を表現するニュートラルなものなのに、社会が障害となって「発達障害の特性がある健常者」が「発達障害者」になってしまうという仕組みなのだ。

　本書で扱うことになる創作者たちのほとんどは、発達障害と診断されなかったと推測される。二〇世紀末になるまでは、発達障害の社会的認知が進んでいなかったということが理由のひとつかもしれないけれども、二一世紀に生きていたとしても、診断されないままになっただろうというのが筆者なりの予想だ。発達障害の特性がありつつも、創造活動を中心としたさまざまなコーピング（対処法）によって健康を維持し、才能を発揮できる環境に恵まれることで、発達障害者として診断される状況に陥らないと考えられるからだ。精神疾患の最新の診断基準を与えるDSM-5-TR（『精神疾患の診断・統計マニュアル』第五版追加修正版）は、当事者に発達障害の特性が備わっていても、日常生活に支障がなければ診断をくださないというルールになっている（APA 2023: 55, 67）。この考え方を前提とする点で、本書は先に述べた「健跡学」の書でもあるのだ。

当事者批評を支える三つの柱

当事者批評は、論者自身の内観を主柱《しゅちゅう》とする。当事者の内側から眺められた世界のありさまを文学や芸術を介して記述する作業と言っても良い。自然に、当事者批評は「経験知」という個別的で特殊な知識群を含みこんでいる。しかし本書で語られる内容が筆者の主観のみに依拠していて、別の支柱がまったくなかったら、読者は本書を読みすすめる上で苦痛しか感じないだろう。本書が純粋な「専門知」の本でないとしても、なにかしら記述内容を保証するものがなければ、説得力は生まれない。

当事者批評を支える第一の支柱は、やはり経験知にあたるもので、筆者自身が知見を集めてきた発達障害に関する自助グループでの活動にほかならない。筆者は発達障害の当事者たちを対象とした自助グループを、京都とオンライン空間で開催してきた。その回数は百五十回以上に至り、対話してきた発達障害者の数も数百人にのぼる。この自助グループ活動で得た知見は、筆者の主観に吸収されているから、もちろんそれ自体を客観的と言うわけにはいかないけれども、書き手にそのような経験知があるとないとでは、記述内容の信頼性が大きく左右されるだろう。

これに対して、当事者批評を支える第二の支柱は、専門知と言える。筆者は大学で働くプロの文学研究者だ。文学、芸術、文化、思想などについて、文献による実証にもとづいてさまざまな考察を重ねてきた経験があり、その手法を本書でも導入している。当事者批評は文芸批評そのものとは異質だが、手法として文芸批評とまったく隔絶しているわけでもない。また本書を読めば、隅々まで文献学的な発想が浸透しているのを認めるのは難しくないだろう。

　当事者批評を支える第三の支柱は、経験知と専門知の合成物だ。精神疾患の当事者は、精神医学や心理学の専門家ではないとしても、現代の情報社会に生きていることを利点として、専門家に近い知見を集積していることが稀《まれ》ではない。専門書を読みこなし、じぶんの精神疾患について専門家よりもよほど適切な見通しを持っている当事者はいくらでもいる。筆者自身も、そのひとりだと自負している。筆者が精神医学や心理学から学んだ知見は、本書での思考の前提になっている。以上のとおり、本書で展開する当事者批評は、筆者自身の当事者としての内観を主柱としつつ、（１）自助グループで得た仲間たちからの報告、（２）文献学的研究手法に関する見識、（３）精神医学的・心理学的知見という三本の支柱によって支えられている。

　本書で取りくむ当事者批評を、くれぐれも単純に患者側からやる病跡学だとは考えないでいただきたい。筆者は扱う創作者たちに自閉スペクトラム症やＡＤＨＤの特性を読みとっていくものの、それは精神科医が専門知にもとづいて診断をくだす作業とは大いに異なっている。筆者は、発達障害の当事者のひとりとして、少なくとも筆者にとってそのように見えるという体験世界を表明しているのだ。同じく自閉スペクトラム症やＡＤＨＤの当事者でも、筆者の「発達仲間」（発達障害のクラスターおよびコミュニティを意味する「発達界隈《かいわい》」で交流がある人々）に意見を聞いていけば、筆者とは異なる見解がつぎつぎに出てくるだろう。したがって、本書には「専門知」（専門的知識）と「経験知」（体験的知識）が格闘した記録という側面もある。当事者批評は、文字どおり文芸創作の一ジャンルとしての「批評」の実践でもあるが、「医学的・心理学的・福祉的な批評」でもある。その点で「文芸批評以下」であると同時に「文芸批評以上」でもある。また批評はしばしば批評する対象を攻撃するために書かれるけれども、筆者は少なくとも本書の当事者批評を論述対象への「愛の告白」として執筆する。

「想像力の障害」はお互いさま

本書で注目するのは、自閉スペクトラム症に関わる特性とＡＤＨＤに関わる特性だ。この二種類の発達障害について、説明しておく必要がある。

まずは自閉スペクトラム症だが、DSM-5-TR の診断基準を確認すると、この精神疾患には、子どもの頃から「社会的コミュニケーションおよび対人的相互反応における持続的な欠陥」があるとされている。三種の説明が掲載されているが、かんたんな言葉遣いに直しながら紹介しておこう。

（1）情緒的な交流が難しく、他者への近づき方が異常だったり、会話が不自然だったりする。興味や感情をなかなか共有してくれない。

（2）非言語のコミュニケーションが難しく、視線を合わせられなかったり、顔の表情が異様。身振りが独特だったり、皆無だったりする。

（3）人間関係を発展させたり、維持したりするのに劣る。他者理解を欠き、想像を共有する遊びが不得意で、友人をなかなか作れず、仲間に興味がない。

（APA 2023: 49）

つまり言動が度を越して自己完結的ということだ。その医学的知見を踏まえつつ、筆者自身と「発達仲間」を観察しなおしてみると、自閉スペクトラム症者には、たしかに自己完結的な印象が生まれているなと感じる。

自閉スペクトラム症者はいわゆる「その場の空気」を読むことが不得意か、読めても尊重しないことが多い。他者に容易に同調せず、自由奔放《ほんぽう》に見られることもある。冗談がわからないか、または独特なユーモアを操る。創作物はしばしば奇怪だったりＢ級的だったりして、不自然さや違和感を漂わせる。歯に衣着せぬ発言によって煙たがられたり、意思の不疎通から他者と口ゲンカになりやすかったりし、パートナーはしばしば情緒的交流の欠如を訴える「カサンドラ症候群」に陥る。

　他者との交流が不得意なため、性欲を感じにくい当事者がいて、生殖行為に興味の薄い事例も珍しくないにせよ、性の問題は自閉スペクトラム症者のあいだでも個人差が大きく、「空気」を読まないからか、性的に奔放な者も多い。自閉スペクトラム症者はひとりでいるのを好むか、ひとりの時間を非常にたいせつにするが、それだけにロマンチスト的なタイプもいて、じぶんにふさわしいパートナーについて夢想をたくましくする場合もある。現実離れしたＳＦやファンタジーなどを好む自閉スペクトラム症者が多いけれども、純文学やミステリー小説から人間観察の方法の習得に励んでいる事例もある。自閉「スペクトラム」症の名のとおり、特性の現れ方はスペクトラム（虹のような連続体）状に多様なのだ。

　このように、自閉スペクトラム症には「コミュニケーションの障害」や「想像力の障害」と呼ばれるものが指摘されてきたのだが、最近では、これは自閉スペクトラム症者と定型発達者という異質な人間同士が交流する際に、両方に支障が発生しているという「二重共感問題」（ダブル・エンパシー・プロブレム）として理解するほうが妥当だという考え方が広まってきている。自閉スペクトラム症者は他者の心を理解できないと言われてきたものの、それは定型発達者の心を理解しづらいだけで、自閉スペクトラム症者同士は似た者同士なので、意思疎通がわりと容易なことが多い。また定型発達者は自閉スペクトラム症者には人の心がないと考えがちだが、定型発達者も自閉スペクトラム症者の心をほとんど理解できない。これが「二重共感問題」で、ニューロダイバーシティにかなった考え方と言える。

「こだわりが強い人たち」という「こだわり」

DSM-5-TRで、自閉スペクトラム症の特徴に関するもうひとつの診断基準が、子どもの頃からの「こだわり」だ。限定された興味関心や行動を反復し、つぎの四つの特性のふたつ以上を備えるとされる。やはりかんたんな言葉遣いに直しながら紹介しておこう。

（1）おもちゃを一列に並べたがる、物をしつこく叩きたがるなどの常同《じょうどう》行動。オウム返しや独特な言いまわしを操る。

（2）毎日同じ道を歩くことにこだわったり、同じものばかり食べたがったりと、決まった習慣に頑固にしがみついて、変化を嫌い、儀式めいて見えるほどだ。

（3）一般的ではない対象への強い愛着を示したり、没頭したりし、異常ですらある。

（4）光、動き、音、手触り、味、匂いなど特定の感覚に対して、ふつうの人よりも過敏だったり鈍感だったりする。

（APA 2023: 54–55）

つまり「こだわり」が度を越してすごいということだ。この医学的知見を踏まえつつ、筆者自身と「発達仲間」を観察しなおしてみると、自閉スペクトラム症者は、やはりこだわりがすごいと感じる。この「こだわり」こそが、コミュニケーション上の自己完結的な印象をますます強化している。

自閉スペクトラム症者は同じような言動を執拗《しつよう》に反復したり、創作をすれば同じような作風のものを無際限に作りたがったりする。収集癖を発揮することが多く、コレクションはマニアックなものになりがちだ。感覚の解像度が高く、周囲の五感的情報に揺さぶられたり、キラキラチカチカしたもの、水や光や夜空などに魅了されたりしやすい。対人関係の困難があるから、自然との一体感に救済を求める自閉スペクトラム症者は多い。感覚世界が独特なので、じぶんが感じているものはほかの人にはわからないと考えがちで、頑固な印象を与える。さまざまなものから連想が飛躍的に発生し、些細《ささい》なことがフラッシュバックしやすい。じぶんの疲れない感覚世界に憧れて、依存性の高い物質や行為に嗜癖《しへき》したり、超感覚的世界に憧れたりすることが多い。

世の中に「こだわり」が強い人はいくらでもいる、と思うかもしれないけれども、それは結局のところ、自閉スペクトラム症の特性が強いということだ。しかし、ここにニューロダイバーシティの観点を導入してみよう。自閉スペクトラム症が「こだわり」が強いと言われるのは、そのこだわる対象が異常に見えるからだ。しかし、ほんとうに公平に考えると、定型発達者にも「こだわり」があるのではないか。たとえば恋愛や性愛の対象としてどのような顔立ちや体つきを好むかという問題に関して、多くの人は「こだわり」を持つだろう。そのような種類の「こだわり」は多数派にも備わっているから、異常と見なされない。多数派だから正常で、少数派だから異常と見なされるだけなのだ。

　社交を好み、雑談などに興じる定型発達者の特性はどうだろうか。これは社交へのこだわり、あるいは雑談へのこだわりだろう。自閉スペクトラム症者は社交や雑談が不得意だが、彼らは少数派だから、それが「対人関係の異常」で「コミュニケーションの障害」と説明されるのだ。しかし、視点を変えれば自閉スペクトラム症者は社交へのこだわり、雑談へのこだわりから自由に解放された存在と言うことができる。

　少数派の感じ方を異常と見なすこと自体、定型発達者の「こだわり」の最たるものだ。このように視点を相対化していくことで、ニューロダイバーシティへの理解が開かれていく。

「不」注意ではなく「多」注意

　つぎにＡＤＨＤの特性について確認しておこう。DSM-5-TRによると、ＡＤＨＤは不注意の症状と多動性および衝動性の症状に依拠して診断される。不注意の症状は子どもの頃から現れ、以下のうち六つ以上が少なくとも六ヶ月持続しなければならないとされる。やはり簡略化して紹介しておこう。

(a) 学業や仕事などで、しばしば綿密に注意することができず、失敗する。
(b) 講義、会話、読書などに集中できない。
(c) 話しかけられたときに、しばしば聞いていないように見え、心ここにあらずだ。
(d) 指示に従うのが難しく、学業、用事、職場での義務から脱線する。
(e) 持ち物を整理できず、時間も管理できず、ものごとを順序立てて遂行できない。
(f) きっちりした書類の作成や確認を避けるか、嫌そうに取りくむ。
(g) 学校や職場で必要なものをしばしば紛失する。
(h) 外からの刺激に弱く、すぐに気が散る。
(i) やるべきことをすぐに忘れてしまう。

(APA 2023: 66)

「そうか、じぶんもじつはＡＤＨＤだったのか！」と驚いた読者も多いと推測するが、先に書いてあったように子どもの頃から発生し、六つ以上該当し、継続的に起こっていなくてはならない。ときどきケアレスミスをするとか、たまに落とし物をするなどは誰にでもあることで、ＡＤＨＤを診断されない。筆者自身と「発達仲間」を観察し直してみると、ＡＤＨＤ

者は不注意の雨のなかを生きており、注意に満ちた晴れの日には恵まれない。

この不注意の特性は、意識が多方向に照射されることだと言えば、ニュートラルな表現になって、ニューロダイバーシティの考え方にふさわしい。意識が多方向に照射されること自体は、多くの人には思いつきにくいアイデアに辿りつかせるきっかけにもなる。その特性が生産的な方向に働かない場合に、ＡＤＨＤと診断されるわけだ。

多動性が支える創造性

多動性と衝動性の症状に関しても、子どもの頃から見られ、以下のうち六つ以上が少なくとも六ヶ月持続しなければならないと定められている。同様に簡略化して説明する。

(a) 手足をそわそわ動かし、何か叩いたり、踏みならしたりする。

(b) 椅子に長く座っていられず、立ちあがったり、歩きまわったりする。

(c) 不適切な状況で走りまわったり高い所へ登ったりする。

(d) 静かに遊んだり、ゆったり余暇を楽しんだりできない。

(e) エンジンで動かされるように、落ちつきなく行動する。

（f）やたらしゃべる。
（g）人が発言する順番を奪ったり、質問が終わる前から回答したりする。
（h）列にちゃんと並んで待てない。
（i）会話やゲームで他者を妨害したり、勝手に人のものを使ったりする。

（APA 2023: 67）

度を越した衝動性と多動性。この医学的知見を踏まえつつ、筆者自身と「発達仲間」を観察しなおしてみると、ＡＤＨＤ者は、やはり鼻息の荒いイノシシのように凄まじい。「たまに衝動的」とか「たまに多動」な程度の定型発達者とははっきり異なっている。

ＡＤＨＤ者は成人しても子どもっぽくはしゃぐ場面が多く、エネルギーが余っていて爆発的な行動力を発揮したり、思考の動きも非常に活発で、注意が多方向に拡散しがちになったりする。ひっきりなしに話しつづけたり、人がびっくりするような圧倒的なスケールでものごとを考えたりすることもある。多動によって練習量が増えるため、仕事のやり方を見よう見真似で身につけたり、モノマネなどで遊んだりすると、憑《ひょう》依《い》現象が起きたかのように高いパフォーマンスを見せる者がいる。

他方で、体や思考が動きすぎるため、失敗の量も標準より多く、痛々しい印象を与えることは稀ではない。歯車が噛みあえば入神《にゅうしん》状態のような驚異的な集中力を発揮するが、噛みあわなければ、とりとめもなく徒労《とろう》を積みかさねていく。

「症状」なのか「特性」なのか

DSM-5-TRは医学的な見地から編纂《へんさん》されたものなので、自閉スペクトラム症やＡＤＨＤを「精神疾患」の「症状」として記述している。以上で筆者は、ニューロダイバーシティ論を支持する立場から、それらの症状は本来は「脳の少数派」に顕著に現れる価値中立的な「特性」だという見解を提示し、DSM-5-TRの立場、精神医学の考え方を相対化してきた。

定型発達者でも、疲れているときや、発達障害とは異なる精神疾患を罹患《りかん》した際に、あるいは脳機能の障害を負ったあとに、自閉スペクトラム症者やＡＤＨＤ者を思わせる特性を呈することは珍しくない。先天的で持続的な場合、また日常生活に支障がもたらされる場合に、「発達障害者」として診断がくだされる。疲労などによって後天的に発達障害者風の挙動を見せたり、日常生活が行きづまったりしない程度に現れるだけなら、医者は発達障害と診断してはいけない仕組みだ。

現実を幻想へとさらう「解離《かいり》」

なお、自閉スペクトラム症者もＡＤＨＤ者も、しばしば「解離」していることは特筆にあたいするだろう。解離とは困難な精神状況を経験することで、心が体から脱落したかのように幻想と現実が混じりあってしまう現象で、明瞭《めいりよう》な精神疾患としては離人感・現実感消失症や解離性同一性障害（いわゆる多重人格）としてまとまった姿を立ちあげるが、そのような水準に至らなくても、解離はさまざまな精神疾患に付随する。筆者にも解離があって、幼少期に体罰を受けながらじぶんの斜めうしろに幽霊のようにしてもうひとりのじぶんが立っているような感覚を得て以来、それが三〇年以上にわたって消滅していない。解離発生のきっかけは虐待、いじめ、暴行などだが、発達障害があると精神的にも身体的にも脆弱《ぜいじやく》な状況に置かれやすいため、たやすく解離してしまう。

以下では、ここまで確認したような自閉スペクトラム症とＡＤＨＤの特性、そしてときには解離の特性を本書では16人の日本の天才たちに見いだしていく。どのくらい筆者の見ている世界が説得力のあるものと感じてもらえるか、ひとつの冒険になる。読者ができるだけ楽しんでくれたら、幸いだ。

なお本書で論じる対象は、生年順に並べてある。それぞれの章はバラバラに読んでもそれなりに理解できるはずだけれども、筆者はしばしば先行する章で扱った人々に言及しながら論述を進めていくため、最初から最後まで順に読んでいただければ、理解はより深まると思われる。

第1章

博覧強記感

南方熊楠

1867 ~ 1941 年

南方熊楠《みなかたくまぐす》

一八六七年に生まれた和歌山の代表的偉人。活躍した分野は博物学と呼ぶのがもっともふさわしく、非常に多岐にわたるが、基本的には民俗学と生物学に重心がある。海外に長く留学し、多言語（伝説では二〇以上と言われるが、優れていたのは英語。ほかに理解できたのはフランス語、ドイツ語、イタリア語、スペイン語、ラテン語など）を駆使した研究に従事した。東西文明を比較する観点に立った民俗学研究を発表することで、日本国内の民俗に関心を集中させる傾向があった日本民俗学の父・柳《やなぎ》田《た》國男《くにお》に対するオルタナティヴのような地歩を得た。粘菌などの研究でも先駆者となり、生物学者としての顔も持っていた昭和天皇は和歌山の田辺市の神島《かしま》に赴いて、熊楠の教えを受ける機会をもうけた。一九四一年、七四歳で萎縮腎によって亡くなった。

「奇人型の天才」の肖像

南方熊楠は奇人型の天才として有名だ。子どもの頃から百科事典類を書写して博覧強記の人へと成長し、やがて複数の言語を読みとくようになった。関心は文理両方にまたがって、粘菌研究などの生物学と、東洋と西洋を比較する民俗学に強みを発揮した。当時の日本人としては稀なことに、世界冒険家のような気質を発揮してアメリカ、中南米、イギリスに合計で一三年以上も暮らし、科学雑誌の象徴と見なされることが多い『ネイチャー』に掲載された論考は五一本で、歴代の全寄稿者で最多と噂される（ただし雑誌の性質は、現在ほどゴリゴリのアカデミズムではなかったようだ）。大英博物館でケンカ騒動を起こして出入り禁止になり、日本に帰国してからは和歌山県田辺町（現田辺市）に住んだ。以来、自宅では裸のまま生活することが多かった。当時の日本の知識人としては大胆なことに、生殖器、自慰、少年愛などの話題を奔放に記した文書を残した。

南方熊楠の仕事の幅広さと、破天荒な逸話。それは、いかにも自閉スペクトラム症の特性とＡＤＨＤの特性の両方が濃厚に備わっている人だったのだろう、と筆者に想像させてやまない。熊楠のどのような個性がそのような想像力の引き金となるか、具体的に説明していこう。

凸凹《でこぼこ》した知性

一三歳のとき、熊楠は友人の家にあった江戸時代の百科事典『和漢三才図会《さんさいずえ》』を借りうけ、通読して抜き書きを進めていき、挿絵まで原典以上にいきいきと写しとることに熱中した。中学に通うあいまに筆写して、最終的に一〇五巻を写し終わったほか、ほかの日本の事典類も書写したことが知られている。イギリス滞在中には「ロンドン抜書《ぬきがき》」と呼ばれる、各種の欧米語書籍からの筆写でできたノートを作成し、『ネイチャー』と『ノーツ・アンド・クエリーズ』というふたつの科学雑誌の常連投稿者になって、英文論考を多数寄稿した。限定された関心対象に極度の集中力を発揮したことは、熊楠に自閉スペクトラム症の特性があったのではないかと感じさせる。

熊楠は動植物を採集し、分類し、標本を作るという作業を子どもの頃から晩年まで続けたが、そのような収集作業を熊楠は本の世界でもやっていたのだと思われる。それもまた、収集癖を頻繁にともなう自閉スペクトラム症の特性に関係しているのではないか、と筆者は想像する。

熊楠が、当時の人として傑出した知性を持っていたことは疑えない。しかし、しばしば誤解されるような万能型の天才だったわけではない。むしろその知性は多くの発達障害者と同様にかなり凸凹していた。和歌山中学の卒業試験では、一六歳で卒業した六名のうち、幾何《きか》や経済が最下位だった。得意なはずの和漢文も下から二番、英語は下から三番で、平均以上だったのは生理と化学くらいだったらしい（吉川 2012: 190）。このように能力に大きなムラがあった点は、発達障害者につうじる特性を感じさせる。

珍妙な笑いの旋風を立ちあげる

娘の南方文枝《ふみえ》は、実父・熊楠のうっかり者エピソードをあれこれと後世に伝えてくれた。文枝は熊楠が世事に疎《うと》く、おっちょこちょいで、とりわけじぶんの身辺がよくわからず、結果として「父の周囲には、いつも珍妙な笑いの旋風が起こり勝《が》ちであったが、本人は一向に気づかぬ様子であった」と回顧している。彼女の語るエピソードのひとつが、銭湯での衣服取りちがえ事件だ。

ある日、棒縞《ぼうじま》の着物で出かけたはずの父が、小粋《こいき》な格子柄の丈の短い着物で帰って来たので、母が大いに呆《あき》れ驚き、す早く脱がせて、銭湯に駆けつけたことがあったが、ちょうどそこでは、顔なじみの板前さんが、入浴の間に蒸発してしまった自分の着物を求めて狼狽《ろうばい》しているところで、「やはり犯人は南方先生でしたか」と笑って許されたが、全く赤面の至りであったと母の憤懣《ふんまん》やる方なく、以後は、番台の主人に、本人に代わり、脱衣箱の文字を覚えておいてもらうように頼み、時々つけ届けを怠らなかったようであった。（南方 1993: 161–162）

このようなおっちょこちょいな逸話は、いかにもなＡＤＨＤ的特性を思いださせる。熊楠の妻が呆れ、驚き、憤懣やる方なかった様子を娘の文枝はよく記憶している。筆者がここで思いだしてしまうのは、発達障害の特性が強い人をパートナーに選んだ人や、そのような人の子どもたちのことだ。彼ら彼女らは、筆者の主宰する自助グループにやってきては、ため息をつきながら、夫や父の発達障害について不満そうに語っていた。

ただし熊楠の場合、珍妙な人柄だったというイメージが勝ちすぎて、伝説として潤色《じゅんしょく》されている逸話も多い。たとえば熊楠が昭和天皇に進講した際、粘菌などの珍しい標本を天皇に献上したのだが、それはキャラメル箱に入れてだったと伝えられている。多くの人は、手のひらサイズの小さなキャラメル箱を連想し、いかにも熊楠のイメージにふさわしい奇抜さと感じてしまうわけだけれど、これは誤っている。娘の文枝の説明を聞いてみよう。

普通のキャラメル箱をまとめていれる大きな箱でございます。ボール箱でできておりまして、あの頃それが一番丈夫でございましたから。いくらも桐の箱を作らせたのですが気に入らないのです。どうしてもこれが一番いいんだと言いまして、それにしました。

（谷川／南方 1993: 149）

誇張された「熊楠伝説」は、さまざまにある。それらはしばしば熊楠自身によって構築され、後世の人々は鵜《う》呑《の》みにして語りついだ。

色調のない「性的人間」

性科学《セクソロジー》は現在でもうさんくさい眼で見られることが多い。実際にうさんくさい研究も眼につく。性科学が独立した学問分野として確立しているかどうかには、さまざまな見解がある。性科学を探求する人の本来の専門は、おそらく医学や生物学、社会学や文化人類学だろう。

熊楠はその性科学を熱心に探求したものの、その最大の動因は、熊楠自身に「性的人間」とでも呼ぶべき性向があったからだ。アメリカ滞在中の手書き新聞『珍事評論』、イギリス滞在時代に「在英日本公使館宛珍状」として書かれた「ロンドン私記」、南方植物研究所を設立するために日本郵船株式会社大阪支店で副長を務めていた矢吹義夫《やぶきよしお》に送られた「履歴書」などに、熊楠自身の性に関する逸話が散りばめられている。「ロンドン私記」に書かれた年下の少年との赤裸々な男色《なんしょく》体験談を見てみよう。

正月になって、帰郷もせずひとりでこもっている美少年、羽山蕃次郎《はやましげじろう》を訪ねた。相手はコタツに座って幾何学に取りくんでいるところだった。熊楠はその後ろ姿を堪能《たんのう》し、「あちらむけ後ろもゆかし百合の花」と思いながら、性的な興奮をもよおす。

一物綿入《いちもつわたいれ》を串《つらぬ》く如く勃起し、此《この》少年蝮蛇《まむし》に遇《あた》る如く驚き、何《な》に事ぞと問ふに取りあえず、「恋すてふ吾《わが》まらかくも立《たち》にけり、物や思ふと人の問ふ迄」。／まことに一生に一度こんな恥《はずかし》いことは無《なか》つたが、後ろよりソロ〱抱き付き、前方の陰茎をいろふに、是もピン〱と立ち居る。扨《さて》は痛いが承知でさすつもりか、一生此《この》恩は忘れぬといひ乍《なが》ら、グツと入れ、半時間斗《ばか》り休めては腰つかひ、又《また》休めてはつかひ、終《つい》に阿呆《あほう》になるほど気をやつた。（南方 1995: 180–181）

男同士の性行為をこんなふうに明け透けに語ってみせるさまは、白黒をはっきりさせたがり、さまざまな色調のグレーでものごとを把握するのが苦手な自閉スペクトラム症の特性を感じさせる。

　このような明け透けなセックス・トークは、現在の日本でもＴＰＯ（時と場所と場合）をうまく捉えなければ、不評をこうむってしまう。現在よりも保守的だった熊楠の時代の日本では、なおさらそうだったはずだ。日本民俗学の父として知られる柳田國男は、南方が寄稿した論考は卑猥《ひわい》だと憤《いきどお》り、自身が主宰する民俗学的資料の公開と研究を目的とした雑誌『郷土研究』に載せられないと通達をよこしてきた。熊楠は「猥鄙《わいひ》」のことをなんでもかんでも除外してしまえば、論考というものは「奥所《おくか》」を少しも極めることができないと反論した（唐澤 2015: 242–243）。人間の世界は明け透けに考えれば、卑猥な事象だらけだ。だから熊楠は、じぶんの両性愛の性的指向についても正面から直視していたし、人間の本質もそのような性の問題と深く切りむすんでいると考えていた。

「世界の究極的真実」を求めて——熊楠のスピリチュアリティ（一）

　性の問題に明け透けだったということは、ものごとを曖昧にしておくことを嫌う自閉スペクトラム症者の性向を思いださせるが、まさにその性向ゆえに自閉スペクトラム症者は「世界の究極的真実」に関する教えに引きよせられやすい。つまり私たちには、宗教的想念に搦《から》めとられやすいという一面がある。そのような性質を熊楠も共有していた。

まず熊楠の信仰を確認しておくこととして、彼は真言密教を熱心に信じていた。娘の文枝が密教信者としての父の姿を報告している。

> 父は真言密教を常に信じていた。別に念珠《ねんじゅ》をまさぐり経文《きょうもん》を唱えるとか形に表わすのではなく、何か不可解な出来事にぶつかった時、きちんと着物を着て書斎に入り正座瞑《めい》目《もく》、勿論そんな時は家族の誰もが書斎に近づけないのであるが、私はただ一度だけ何をしているのか好奇心にかられ、抜き足さし足で近づき障子の隙間より覗見《のぞきみ》した事があるが、平常の父とは全く別人の様に森厳《しんげん》な態度に圧倒され思わず声を出す処であった。
> （南方 1991: 227–228）

裸生活を送り、珍妙な風を巻きおこすふだんの姿とは異なって、着物をきっちり身につけて、正座で眼をつむって信心に耽《ふけ》る男。そのようなスピリチュアルな一面も熊楠には備わっていた。

熊楠のスピリチュアリティは、標準的な密教信仰を超えて、独自の哲学的想念へも発展していた。仏教学者の土宜法龍《どきほうりゅう》に宛てた書簡で示された、森羅万象の構造を示した二種類の図は有名だ。これを奥山直司《おくやまなおじ》と中村元《なかむらはじめ》というふたりの仏教学者は、「南方熊楠の生命の樹」「南方曼陀羅《まんだら》」などと呼んだ（唐澤 2015: 149–178）。片方の図【図１‐１】は、一九〇三年七月一八日付の書簡に描かれたもので、熊楠は「この世間宇宙は、天は理なりといえるごとく（理はすじみち）、図のごとく（図は平面にしか画きえず。実は長《たけ》、幅の外に、厚さもある立体のものと見よ）、前後左右上下、いずれの方よりも事理《じり》が透徹して、この宇宙を成す。その数無尽なり。故にどこ一つとりても、それを敷衍《ふえん》追究するときは、いかなることをも見出だし、いかなることをもなしうるようになっておる」と解説している（南方 1971b: 365）。

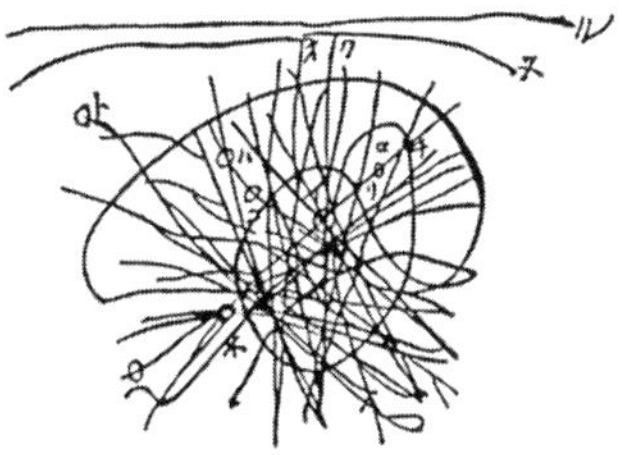

【図１－１】南方曼陀羅その１
（南方 1971b より）

熊楠はさまざまな因果関係が交錯し、世界の各要素が連鎖することで、あらゆる現象は立ちあがっていると考えていた。この想念は、オーストリアの科学史家エルンスト・マッハの思想を思いおこさせる。マッハは科学哲学の書物『感覚の分析』（初版一八八六年）で、世界は「要素」と要素の構成体が離合集散して「現象」を立ちあげているとする「要素一元論」を唱えた。マッハの観点から見れば、「私」ですらも「感覚」という「要素」が複合した「現象」に過ぎず、伝統的な意味あいでの主体としての「自我」は虚構なのだと主張される。熊楠の世界観は、この要素一元論に似ているのだ。熊楠がマッハを読んだという逸話を筆者は知らないけれども、マッハの思想は当時国際的な影響力を振るっていたから、第三者が執筆した著作や記事を経由して、熊楠も触発されていた可能性が高い。そして筆者は、マッハにも通じるこの熊楠の体験世界が、感覚が平均よりも「過敏」と言われたり、逆に「鈍麻《どんま》」と言われたりする自閉スペクトラム症の感覚世界に根をおろしているのではと考える。

　熊楠のこの現象論は、密教との連絡が不可欠という点で、ますますマッハ思想との親和性が高い。というのもマッハは仏教に非常に関心が深く、マッハと熊楠は等しく仏教と自然科学との総合からそれぞれの世界観を構築したからだ。一九〇三年八月八日付の書簡に描かれたもう片方の曼陀羅の図【図1-2】について、熊楠は土宜法龍に説明している。

　四曼陀羅のうち、胎蔵界大日《たいぞうかいだいにち》中に金剛大日あり。その一部心が大日滅心（金剛大日中、心を去りし部分）の作用により物を生ず。物心相《あい》反応動作して事を生ず。事また力の応《おう》作《さ》によりて名として伝わる。さて力の応作が心物、心事、物名、名事、心物心、心名物、……心名物事、事物、心名、……事物心名事、物心事、事物……心名物事事事事心名、心名名名物事事名物心というあんばいに、いろいろの順序で心物名事の四つを組織するなり。（南方 1971b: 390）

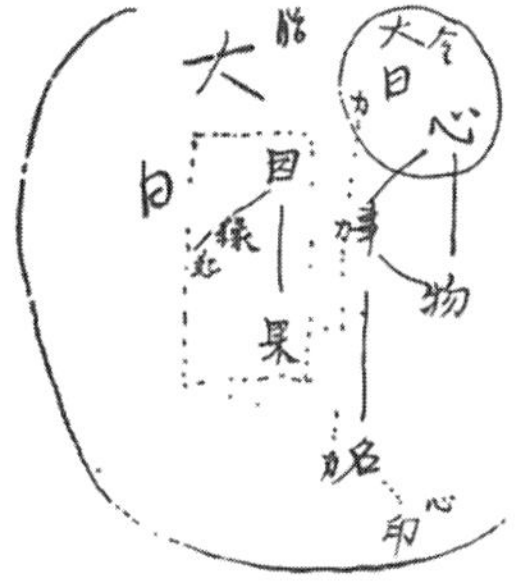

【図１－２】南方曼陀羅その２
（南方 1971b より）

つまり曼陀羅に描かれた「胎蔵界」の大日如来の内側に「金剛界」の大日如来が位置していて、その「心」から「物」が生まれてくる。物と心は相互作用しあうことで「事」を生みだし、如来の「力」とも相互作用して「名」が生まれる。「名」とは現象のことだろう。やがて心と物と事と名という四つの要素が複雑な連関を合成することで、万象を形成していく。それが人間の心に写って「印」（印象のことだろう）となる。

壮大な形而上学が短い文面に圧縮されているわけだが、この曼陀羅的神秘思想はそれだけで完結しておらず、熊楠の生物研究や生殖イメージにも結ばれていたらしい。というのも熊楠は、粘菌のライフサイクルが循環構造を有する点にも曼陀羅を見ていたばかりか、「凡下卑根《ぼんげひこん》の淫慾《いんよく》等の楽」が「精神上の快楽」として高まって恋情となり、恋情が「純粋の美観美想」に達するという性欲と純愛の連関構造を考えていて、それも「曼陀羅」と呼んでいたようなのだ（神田 2012: 39–45）。特殊に見える「こだわり」に依拠して、私たち自閉スペクトラム症者は、しきりに同じ言葉を反復したり、似た身振りを反復したりするが、そのような私たちの世界観はしばしば強固な首尾一貫性を備えている。それと同質の「こだわり」に由来する首尾一貫性が、熊楠にも備わっていたのではないか。

オカルト体験と解離——熊楠のスピリチュアリティ（二）

熊楠のスピリチュアリティということに関して、補足しておかなくてはならない問題がある。それは熊楠が報告した幽体離脱の体験だ。一九一一年に発表された「睡眠中に霊魂抜け出《い》づとの迷信」という論考に、つぎのように記されている。

七年前厳冬に、予、那智山《なちさん》に孤居《こきょ》し、空腹で臥したるに、終夜自分の頭抜け出で家の横側なる牛部屋の辺を飛び廻り、ありありと闇夜中にその状況をくわしく視《み》る。みずからその精神変態にあるを知るといえども、繰り返し繰り返しかくのごとくなるを禁じえざりし。その後Frederic《フレデリック》 W. H. Myers《マイヤーズ》, ‘Human Personality,’ 1903, vol. ii, pp. 193, 322を読んで、世にかかる例尠《すく》なからぬを知れり。されば蒙昧《もうまい》の民が、睡中魂抜け出づと信ずるは、もっともなことにて、ただに魂が人形を現わして抜け出づるのみならず、蠅、蜥蜴《とかげ》、蟋蟀《こおろぎ》、鴉《からす》、鼠等となりて、睡《ねむ》れる身を離れ遊ぶという迷信、諸方《しょほう》の民間に行なわる（Frazer《フレイザー》, ‘The Golden Bough,’ 1890, vol. i, p.126)。（南方 1971a: 260)

冬の山にひとり寝ていると、じぶんから抜けでた魂が家の周囲を浮遊し、夜の情景をありありと眼にしたというのだ。しかもそのようなことは、何度も起こった。引用されている文献のうち、フレデリック・マイヤーズの書物は、マイヤーズの遺著『人間の人格とその死後存続』（一九〇三年）で、熊楠は感心しながら読んだらしい。ジェイムズ・フレイザーの文献のほうは、日本では文化人類学の金字塔として評価されることが多い『金枝篇《きんしへん》』（初版一八九〇年）だが、この書物で描かれた民間信仰論は、ヴィルヘルム・マンハルトというドイツの民俗学者の著作『森と畑の祭祀《さいし》』（一八七五～一八七七年）を最重要級の典拠としていて、現在のヨーロッパではフレイザーの見解もマンハルトの見解もおおむね否定されているという事実は、指摘しておいても良いだろう（この問題に関しては、詳しくは拙著『グリム兄弟とその学問的後継者たち』を読んでいただきたい）。いずれにせよ、『金枝篇』に収録された民間信仰としての幽体離脱に熊楠が共鳴していたことはたしかだ。

　この問題に関して筆者は、熊楠の自閉スペクトラム症的特性とＡＤＨＤ的特性が、熊楠の心を幻想へと連れ去る「解離」を生みだしていたのではないか、と想像している。発達障害の特性によって、定型発達者を中心に作られた世界で私たち当事者は疲弊している。周囲の人々との対立、軋轢《あつれき》は人生で反復される主題《ライトモティーフ》になり、厳しく辛い体験から衝撃を受けたり、呆然としたりすることが多く、心が体からかんたんに剥離《はくり》してしまうようになる。日常を裸で暮らし、放埒《ほうらつ》な文書をしたため、すぐに誰かとケンカになってしまう熊楠は、一見すると「自由人」だとはいえ、大なり小なりの「傷つき体験」もたくさん蓄えていたはずだ。心の負荷が限界を超えたとき、人は心を身体から遊離させ、それによって自我が壊滅するのを防ぐという防衛機制を働かせる。それが解離だ。

苦手なものを克服すること

　発達障害の特性の有無にかかわらず、誰にでも苦手なものがあって、それは当然のことだ。苦手なものが己の活動分野に深刻に関わっている場合、克服に向けた努力が不可欠となるのも当然のことだ。苦手なものが不快なのは誰だって同じはずだけれども、「こだわり」が強く、強固な世界観を形成しがちな自閉スペクトラム症者の心のうちでは、苦手なものへの不快な感情はなおさら強烈につきあげてくると思われる。

　筆者は子どもの頃、昆虫や植物を偏愛し、熊楠と同様にそれらをたくさん収集して、飼育・栽培したり、標本を作ったりした。だが筆者の場合、ミミズがきわめて苦手な生き物で、土いじりをするのは、いつも恐る恐るだった。触るのはもちろん、うねうねのたくっている姿を見るのも、ゾッとしてたまらなかった。そのようなわけで、熊楠も当初はミミズが苦手だったことを知ったとき、筆者の喜びは大きかった。少年の熊楠がその不得意を克服するために努力した逸話を読んで、筆者の熊楠への愛情は格段に深まった。娘・文枝の報告を見てみよう。

　父は年少の頃より蚯蚓《みみず》が大嫌いであった。それは嘔吐を催す程、恐く気味悪かった。和歌山中学時代の或《ある》一日の事、鳥山啓《とりやまひらく》先生に引率されてクラス一同山中に植物採集に行った時、ふと自分の足許《あしもと》に太い蚯蚓が体をくねらせているのを見つけ、思わず悲鳴をあげた。その時鳥山先生が静かに近づかれ、「これから自然科学の道を歩もうとしている君が蚯蚓を恐ろしがって如何《いかが》するか、今日から蚯蚓に親しむことからはじめなさい」とひどく窘《たしな》められた。なる程《ほど》自分は自然科学が大好きだ、先生のお言葉に間違いなしと肝銘《かんめい》した。家に帰ると、しっかり目を閉じ蚯蚓を掌にのせ、歯を喰いしばり忍耐忍耐と我が心に鞭《むち》打ちつつ三分、五分と時をのばしていった。しばらく毎日毎日この動作を繰り返している中《うち》に、いつしか蚯蚓を手摑みにする事が出来る様になった。あの瞬間の嬉しさは、いくつになっても忘れる事が出来ない。と、同時に鳥山先生の温顔《おんがん》が目に浮かぶのだと、話してくれた。（南方 1991: 227）

自由人に見える熊楠ではあるものの、「こだわり」が強かった以上、人から奇妙がられるほど恐ろしく感じるものも、人一倍多かったことと推測される。おそらくミミズのほかにも、熊楠はさまざまな不得意と人一倍の努力で格闘し、乗りこえようともがいた人でもあったと思う。たとえば筆者は熊楠に似て、たくさんの外国語を勉強したが——だいぶできるようになったのは五ヶ国語くらいだが、学んだだけなら一五ヶ国語ほど——、熊楠の語学の学習がどのようなものだったかに想像の翼を羽ばたかせるとき、筆者の熊楠への愛情はなおさら高まっていくのだ。

生きる術《すべ》としての博覧強記

しかしながら熊楠に関して、筆者がなによりも感銘を受けたのは、熊楠の人生で研究活動が占めていた位置づけを知ったときだったと言わねばならない。柳田國男に宛てた書簡で、熊楠はじぶんに精神疾患の傾向があることを認め、「狂人」にならぬようにするためのコーピング（対処法）として研究者への道を歩んだことを語っている。

小生は元来はなはだしき疳積《かんしやく》持ちにて、狂人になることを人々患《うれ》えたり。自分このことに気がつき、他人が病質を治せんとて種々遊戯に身を入るるもつまらず、宜《よろ》しく遊戯同様の面白き学問より始むべしと思い、博物標本をみずから集むることにかかれり。これはなかなか面白く、また疳積など少しも起こさば、解剖等微細の研究は一つも成らず、この方法にて疳積をおさうるになれて今日まで狂人にならざりし。（南方 1972: 211）

まさしく筆者にとっても、研究活動は、発達障害の特性を伴って生まれたじぶんが二次障害としての精神疾患を罹患するのを妨げるべく無意識に築いた防波堤だった。筆者は毎日のように書籍、論文、インターネット記事などを読み、熱心にメモを残していく生活を続けてきた。筆者の場合には、結局は鬱状態が深まって、その原因として自閉スペクトラム症とADHDが診断されるに至ったが、熊楠は多くの抜き書きや標本作りによって、活動休止の事態を防ぎつづけたのではないか。民俗学者の谷川健一《たにがわけんいち》もつぎのような報告を残している。

「とにかくずーっと書いている。私はあれを見て、彼は自分の狂気を鎮《しず》める一つの方法としてこんなことをやっていたんじゃないかと思ったんです。それが彼の知識にももちろんなりましたが、一方では、写経みたいな、何か鎮魂の作業という感があります。書き写す時だけは、それに従わなければいけないし、カッとしたら間違ったり行を飛ばしたりしますからね」（谷川／中上 1993: 44）。

ニューロダイバーシティの可能性の極限

厄介な部分も多い熊楠だけれど、多くの人は彼を「愛すべき変わり者」と考え、好意を持って眺めている。関係がこじれかけた柳田國男にしても、熊楠没後のエッセイ「南方熊楠」

で、彼に優しい追憶を送っている。柳田はそこで「非凡超凡」という言葉がやたら使われる当時の風潮を話題にし、「何かちつとばかりはた者と変つて居るといふ程度の偉人ならば、むしろ今日は有りふれてゐる」のであって、むしろじぶんたち民俗学者は「骨を折つて最も凡庸なるものを、見つけ出さうとしてゐる」と皮肉った上で、熊楠の称賛に移る。

> ところが我が南方先生ばかりは、どこの隅を尋ねて見ても、是だけが世間並みといふものが、ちよつと捜し出せそうにも無いのである。七十何年の一生の殆ど全部が、普通の人の為し得ないことのみを以て構成せられて居る。私などは是を日本人の可能性の極限かとも思ひ、又時としては更にそれよりもなほ一つ向ふかと思ふことさへある。（柳田 2004: 130–131）

柳田のような偉人として評価の確立した人物から「日本人の可能性の極限」、さらには「それよりもなほ一つ向ふか」とすら称えられたのだった。熊楠に向けられたあらゆる賛辞のなかでも、最上のものと言って良いだろう。筆者がこの賛辞をもじって、熊楠に「ニューロダイバーシティの可能性の極限」および「それよりもなおひとつ向こう」を見ると言ったら、我田引水《がでんいんすい》にすぎるだろうか。

「カサンドラ症候群」が影を落とす

大阪市出身の筆者は、隣県の和歌山県に愛着がある。この県に対して筆者が抱くイメージは広い空と、南側から太平洋に続く青い海と、濃緑色の奥深い森だ。しばらく前に、和歌山の田辺に旅行して、熊楠ゆかりの場所に足を運んでみた。熊楠は神社合祀《ごうし》反対運動の旗手としても活躍し、森林破壊と戦った人でもある。人間界でなかなかうまくいかないこともあるなか、自然に心を寄せるようになる傾向は、自閉スペクトラム症者やＡＤＨＤ者にとって、珍しくないことだ。熊楠もやはりそうだったのだろうか、などと考えながら歩きまわってみた。

熊楠に関する資料を展示した記念館に入ると、見知らぬ中年女性に話しかけられた。彼女は熊楠の親族の知りあいなのだと称し、熊楠の厄介な気質のために、家族や親戚の女性たちがどれほど苦労したか、ということを彼女自身の人生の恨み節のように語っていた。その人が口にした身分や逸話がほんものかどうかわからないが、筆者は「カサンドラ症候群」を思いだした。

自閉スペクトラム症のパートナーを持つ人は、パートナー間の情緒関係の欠落を訴えることが多く、第三者にはその苦しみがなかなか伝わらない。それで、どれだけ予言として真実を訴えても嘘を言っていると見なされる呪いをかけられたギリシア神話の女性カサンドラの名を取って、そうして鬱状態になることが俗に「カサンドラ症候群」と呼ばれている。熊楠の「珍妙」な逸話も、家族にとっては苦労の種だったことは、例の銭湯での衣服取りちがえ事件からも容易に想像のつくことだ。熊楠はほんとうにおもしろいやつだったに違いないが、親しく付きあうのは、なかなか難しそうでもある。

第2章 そこまで言うか感

与謝野晶子

1878～1942年

与謝野晶子《よさのあきこ》

一八七八年、堺県（現・大阪府堺市）に生まれた女流歌人。出生名は鳳《ほう》志やうで、与謝野晶子という筆名は与謝野鉄幹《てつかん》の妻となったことと、本名と音を同じくする「晶」に由来する。ロマン派歌人の与謝野鉄幹と不倫の関係になり、略奪愛によって結婚。一二人もの男女を出産した。鉄幹が創立した文芸誌『明星』の主力歌人となり、女性としての官能性をおおらかに詠いあげた第一歌集『みだれ髪』は日本文学史上の金字塔。晶子を日本近代史上最大の歌人と評価する声も多い。日露戦争に出征した弟のために詠った「君死にたまふことなかれ」でも知られる。関東大震災で『源氏物語』の現代語訳（完訳）と注釈の原稿を数千枚も焼失しつつ、新たに訳しなおしたエネルギッシュな人。晩年は脳出血で半身不随となり、一九四二年に狭心症と尿毒症によって没した。

過敏なまでの感覚描写

歌集『みだれ髪』（一九〇一年）に収められた作品群を嚆矢《こうし》とする与謝野晶子（本来の表記は「與謝野晶子」）による無数の和歌。それらをつらつらと読んでいくたびに、晶子の清新な五感の表現に心がときめいてしまう。

筆者はみずからのこのときめきを、自閉スペクトラム症に付属する感覚過敏の特性に根ざしていると考えている。晶子の表現がじぶん自身のものとして心地よく錯覚され、刺激されてしまうのだ。春や夏や水や空に関する歌には、とりわけそんな機序が働く。

その子二十《はたち》櫛にながるる黒髪のおごりの春のうつくしきかな

髪五尺ときなば水にやはらかき少女《をとめ》ごころは秘めて放たじ

雲ぞ青き来し夏姫が朝の髪うつくしいかな水に流るる

ゆあみする泉の底の小百合花《さゆりばな》二十《はたち》の夏をうつくしと見ぬ

身も心も女性的な印象を高めた二十歳という年齢で、春の日につやつやとした黒髪を櫛で梳《と》かす。その長い髪は水に浸しても美しく、もの思う乙女《おとめ》心を秘めて放った。春が過ぎ、夏になっても雲が流れる青空を背景とした姫君のような女性。その髪を朝になって清い水でまた洗っている。二十歳の夏の女性はすべてが輝くようで、泉の底に落ちた小百合にも匹敵するほどだ。歌がつねに聴覚を刺激するのはもちろんとして、筆者自身の趣向として、とりわけ視覚と触覚に訴えかける歌に惹かれてしまう。

　こうやって五感をあざやかに表現した晶子にも、筆者と同様の感覚過敏の描写が備わっていたのでは、と想像をめぐらさざるを得ない。自閉スペクトラム症者が、その鋭い五感から得た快楽や苦痛について訴える声を、まわりの人は一般にうまく理解することができない。それだけに、自閉スペクトラム症の特性が強い創作者たちは、みずからの五感の豊かさを熱っぽく表現する傾向がある。

収集癖と列挙癖

　自閉スペクトラム症者が備える特性として、しばしば一から一〇〇まで口にしたがる列挙癖が挙げられる。じぶんが特異な刺激を受けていると訴える五感へのこだわり、理解されにくいじぶんの体験世界を、じぶんなりに明示的なかたちに整えておくことで、安心感を得ようとする収集癖とも連動する特性と言える。
　このことを踏まえて、晶子の詩「五月禮讃《らいさん》」を眺めていると、列挙された幾多の植物は、晶子の鋭敏すぎる五感に与えた魅惑を率直に表明したものであり、他方では収集癖が詩のかたちへと結晶化したものでもあろうと思えてくる。ページをまたいでしまうが、晶子の五感と収集の肌感覚を知ってもらうために、全文を引用しておこう。

　五月は好《よ》い月、花の月、
　芽の月、香《か》の月、色の月、
　ポプラ、マロニエ、プラタアヌ、
　つつじ、芍薬《しやくやく》、藤、蘇枋《すはう》、
　リラ、チユウリツプ、罌粟《けし》の月、
　女の服のかろがろと
　薄くなる月、戀の月、

巻冠《まきかんむり》に矢を背負ひ、
葵《あふひ》をかざす京人が
馬競《うまくら》べする祭月《まつりづき》、
巴里《パリイ》の街の少女等《をとめら》が
花の祭に美くしい
貴《あて》な女王を選ぶ月、

わたしのことを云《い》ふならば
シベリアを行き、獨逸《ドイツ》行き、
君を慕うてはるばると
その巴里まで著《つ》いた月、
菖蒲《あやめ》の太刀《たち》と幟《のぼり》とで
去年うまれた四男目の
アウギユストをば祝《いは》ふ月、
狭い書齋の窓ごしに

明るい空と棕櫚《しゆろ》の木が
馬来《マレエ》の島を想はせる
微風《そよかぜ》の月、青《あふ》い月、
プラチナ色の雲の月、
蜜蜂の月、蝶の月、
蟻も蛾となり、金絲雀《かなりや》も
卵を抱《いだ》く生《うみ》の月、
何やら物に誘《そそ》られる
官能の月、肉の月、
ヴウヴレエ酒の、香料の、
踊の、楽の、歌の月、
わたしを中に萬物《ばんぶつ》が
堅く抱きしめ、縺《もつ》れ合ひ、
呻《うめ》き、くちづけ、汗をかく
太陽の月、青海《あをうみ》の、

森の、公園《パルク》の、噴水の、
庭の、屋前《テラス》の、離亭《ちん》の月、
やれ來《き》た、五月、麥藁《むぎわら》で
細い薄手の硝杯《こっぷ》から
レモン水をば吸ふやうな
あまい眩暈《めまひ》を投げに來た。

（與謝野 1980a: 67–70）

声に出して読んでもらえるとわかるけれども、日本語の詩にあまりないような独特の音楽性も含めて、絶品だ。日本の詩歌《しいか》の音の響きと、西洋の詩歌のリズム感がたくみに融合されているわけだが、筆者はここにも自閉スペクトラム症者の特性が働いていたのではないかと推測する。なぜなら、自閉スペクトラム症者のしゃべり方には、定型発達者には見られない独特の節回しのようなものが備わっていることが多いからだ。なお筆者の自閉スペクトラム症の知りあいのひとりに歌人がいて、彼女は「短歌の世界には、自閉スペクトラム症の人が非常に多い印象だ」と語っていた。晶子にもそのような傾向があったとしても、けっして不思議ではない。

同じモティーフで「盆栽いじり」

晶子の創作で自閉スペクトラム症の傾向を感じさせるものと言えば、盆栽いじりの執拗さを連想させる改作癖もそうだろう。改作は、同じ素材を何度もいじくりまわすという点で、似たような言動の反復に憑かれている自閉スペクトラム症の特性と相性が良い。自閉スペクトラム症者は白黒思考を発揮して、完璧主義者になることが多いため、盆栽いじりのようなものに、ついついかまけてしまう。晶子は『みだれ髪』で詠った。

御相《みさう》いとどしたしみやすきなつかしき
若葉木立《こだち》の中の盧舎那仏《るしやなぶつ》

鎌倉の大仏のイケメンぶりを讃えた歌なわけだが、その四年後に刊行された『恋衣《こいごろも》』（一九〇五年）では同じモティーフが、つぎのような歌へと変形している。

鎌倉や御仏《みほとけ》なれど釈迦牟尼《しやかむに》は
美男におはす夏木立かな

四年の時を隔てても、同じモティーフで「盆栽いじり」をしていることがわかるだろう。晶子による作品改作の歴史を考察した研究者カタリーナ・マイは、「我々は晶子が彼女の文学的特性を、長い年月の間に『獲得』したものではなく、始めから、自らの中にもっていたということを知ることができる」と結論している（マイ 1979: 12）。改作癖によって、晶子は文学的な特性を深めたというよりも、それをさまざまな別のかたちへと転がしていった。そこには晶子の強力な「同一性保持」があったと見るべきではないか。

一九〇一年のエロティシズム

よく知られているように、晶子はじぶんの恋愛や性愛の感情をも大胆に歌に詠《よ》みこんでいる。秘すべきとされている内容をあけっぴろげに曝《さら》してみせる点、「世論」という文脈を等閑視してでもじぶんの感覚世界を謳歌する点で、晶子には南方熊楠につうじる横顔もあると言える。『みだれ髪』からいくつかの歌を引用してみよう。

なにとなく君に待たるるここちして出でし花野の夕月夜かな

道を云はず後を思はず名を問はずここに恋ひ恋ふ君と我と見る

やは肌のあつき血汐にふれも見でさびしからずや道を説く君

春みじかし何に不滅の命ぞとちからある乳を手にさぐらせぬ

乳ぶさおさへ神秘のとばりそとけりぬここなる花の紅《くれなゐ》ぞ濃き

くろ髪の千すじの髪のみだれ髪かつおもひみだれおもひみだるる

夜の帳《ちやう》にささめきつきし星の今を下界の人の鬢《びん》のほつれよ

月夜のもとで、男女の逢い引きにそわそわする。理性を捨てて恋慕に夢中になる。すぐに抱いてくれなくて苦悩する。乳房を愛する人にまさぐらせる。愛撫が心地よくて、女陰がうるおっている。抱かれて髪がちりぢりに乱れ、愛情でいっぱいになる。星々が輝く夜空の下、髪を乱れさせて性交に夢中になる。これらの歌が、明治三四年という保守的な時代に世に放たれたことには、すなおに感心させられる。この年が一九〇一年、つまり二〇世紀最初の年でもあった事実は象徴的かもしれない。

創作物から人間世界の営みを学ぶ

自閉スペクトラム症は、特異な言語感覚を備えることが少なくない。その特異性ゆえに、文学的才能に恵まれた当事者は強力な個性を発揮することができる。教育学者の松本敏治《まつもととしはる》が刊行した『自閉症は津軽弁を話さない』は、「発達界隈」でも大いに話題になった。自閉スペクトラム症児が、日常的な会話よりも創作物をつうじた言語習得を志向するため、方言の習得が不得意になる傾向があると指摘する内容だ（松本 2017: 138–155）。

筆者自身もそうだったが、自閉スペクトラム症者は実生活をつうじて以上に、文学をつうじて他者を理解するようになっていく。おそらく晶子の心にも同じメカニズムが作動していたのではないか。少なくとも晶子は評論集『雑記帳』（一九一五年）で、じぶんに早くからおとなびたところがあって、それは父母に代わって実家の商店の切り盛りをすることが多かったからというほかに、歴史や文学の本に親しんだために、人情を解するようになって、生活の慌ただしさに距離を置くことができるようになったからだと書いている。

> それで大人びて居た自分は、戀愛などの心持も文學書に由つて十二歳の頃から想像することが出來た。源氏物語の女の幾人に自分を比較して微笑んで居た事もあつた。併《しか》し異性に對《たい》する好惡の情はあつたにせよ實際に自分自身の戀愛と名づくべき感情は二十三の歳まで知る機縁が自分の上に無かつた。常に自分の周《しゅう》圍《い》の男女は都《すべ》て不潔な人間だと云ふ氣がして、其れで書物の中の男女に許《ばか》り親んで居た。（與謝野 1980c: 374–375）

物語を読むことで恋愛問題についておとなびた感性を身につけつつ、それがある意味では仇《あだ》となって現実生活ではむしろ子どもっぽいまま、体だけ成長して現実の恋愛には疎くなってしまったというわけだ。同じようなことを自閉スペクトラム症の女性たちはしばしば経験している。言語性ＩＱの高い自閉スペクトラム症者の場合、詳細に書かれた文章は定型発達者以上に緻密に理解することができるけれども、現実上の会話や対話は書き言葉ほど微細でないことがほとんどで、そのような場合、定型発達社会の「暗黙の了解」がわかりにくい自閉スペクトラム症者は、現実にうまく関わって、対人交流の経験値を蓄えることができなくなる。そのように不器用な育ち方をする人がみんな発達障害者ということはないだろうが、発達障害の特性が濃い人に顕著に見られる現象なのはたしかだ。

時代の先を行きすぎる——浮遊する晶子（一）

晶子ゆかりの地を探索しようと、彼女の出身地にあたる大阪府堺市の「さかい利晶《りしょう》の杜《もり》」に足を運んだ。ここは、千利休《せんのりきゅう》と与謝野晶子という同地が輩出した歴史的傑物《けつぶつ》をまとめて顕彰している施設で、その趣旨に無理やりな感じを受けるとはいえ、常設展の「与謝野晶子記念館」は満足行くものだった。筆者は晶子の肖像写真を数多く眼にして、彼女の顔つきもまた私自身や自閉スペクトラム症の仲間を思わせる、という気づきを得た。私たちは他者に同調せず、じぶんの内面に沈降しているために、無表情に見えるぶっきらぼうな顔つきを人前でさらすことが多い。写真に残る多数の晶子の顔も、変化に乏しい無表情がほとんどだった。

記念館には晶子の初版本も多く展示されていて、一〇〇年以上を経た本なのに、斬新さがありありと伝わってくることに驚いた。当時流に言えば「モダン」あるいは「ハイカラ」な装丁が施された瀟洒《しょうしゃ》な小冊子たち。ブックデザイナーが手がけた仕事なのだから、晶子の手柄というわけではないかもしれないが、『みだれ髪』などに収められた短歌は、このような装丁がいかにもふさわしい最先端の作品群として世に送りだされたのだ、ということを改めて思いださせた。晶子の活動が、いかに当時の日本の一般的な通念から「浮いた」ものだったか、ということが気になってくる。わが道を行こうとした彼女は、多くの逆風も経験したはずだ。

与謝野晶子記念館の展示には、晶子が訪れた全国の土地について紹介するコーナーもあった。京都府宮津市の天橋立《あまのはしだて》や神奈川県真鶴《まなづる》町の真鶴岬で、筆者は晶子の歌碑を見たことを思いだす。

人おして回旋橋のひらく時
くろ雲うごく天の橋立

わが立てる真鶴崎《まなづるがさき》が二つにす
相模の海と伊豆のしら波

絶景のなかで眼にする天橋立。ふたつの海を切りわけるかのように迫《せ》りだしている真鶴の岬。両方とも雄大な歌だ。男性冒険家たちも顔負けの気宇《きう》壮大さ。筆者はかつて海外旅行を多数やって、文藝春秋から出版した『イスタンブールで青に溺れる——発達障害者の世界周航記』で、一連の記録を要約した。もしも晶子が現代に生きていて、かつてよりも自由に海外に旅行できる機会を得ていたら、筆者のものよりもずっと壮観な世界旅行記を出版していたと思う。

なお日本を代表する冒険家の高野秀行《たかのひでゆき》さんや角幡唯介《かくはたゆうすけ》さんは、じぶんたちはＡＤＨＤ者だと公言しているのだけれど、おそらくＡＤＨＤの不注意、多動性、衝動性の特性が協奏して、危険のなかに飛びこんでいく大胆不敵さと困難に対する突破力を生みだすのだろう。

「宇宙と私」

晶子の気宇壮大さは恋愛の歌にもしみこんでくる。晶子は『晶子詩篇全集』（一九二九年）に収められた「宇宙と私」で恋情を宇宙論的に詠っている。

宇宙から生れて

宇宙のなかにゐる私が、
どうしてか、
その宇宙から離れてゐる。
だから、私は寂しい、
あなたと居ても寂しい。
けれど、また、折折、
私は宇宙に還つて、
私が宇宙か、
宇宙が私か、解らなくなる。
その時、私の心臓が宇宙の心臓、
その時、私の目が宇宙の目、
その時、私が泣くと、
萬事を忘れて泣くと、
屹度《きつと》雨が降る。
でも、今日の私は寂しい、

その宇宙から離れてゐる。
あなたと居ても寂しい。

（與謝野 1980a: 144–145）

卑近な恋愛感情を、それとは不釣りあいな宇宙的スケールで語る。このような「突きぬけ感」は、のちの時代の庵野秀明や新海誠が作りだした「セカイ系」を連想させる。またオノ・ヨーコの宇宙にまで響きわたらせようとする「絶叫感」や、最果タヒの異世界から語っているかのような「UFO感」にも通底するものがあると考えられる。庵野、新海、オノ・ヨーコ、最果に関しては、のちの章をご覧いただきたい。

未来ユートピアの構想――浮遊する晶子（二）

自閉スペクトラム症があると、現実から遊離する結果として、SF的感覚のようなものを発揮させることが多い。それが晶子の宇宙への思いを導いたのではないか。晶子は「寧《むし》ろ父性を保護せよ」と題する論説で、やはりSF的に人類の未来社会について語っている。そこでは、人類生活を「改造」する必要があるが、経済組織よりも労働組織の「改造」が重要で、

「文化主義」にこそ人類の合理性の帰結があると説かれる。文化に従事することも重要な労働で、あらゆる人類がそれを負担することが、権利でもあり義務でもあるという。すべての労働者が公平に毎日二、三時間を物質的生産のための労働に捧げ、それで充分に物質的に充足されるし、自由に使える時間を家庭、社会と人類、学問と芸術、政治に振りむけることができると晶子は夢見る。

さうなれば、人類は悉《ことごと》く勞働者です。社會に不勞遊惰の習慣が全く無くなり、一切の人間が物質的生産に必要な勞働を分担するのですから、男子も女子も今日の賃金勞働者や俸給勤務者のやうに、終日または終夜、屋外の勞働に服する必要がありません。従つて一切の人間が八時間勞働はおろか纔《わず》かに二三時間の筋肉勞働を工場や田畑で取りさへすれば、その他は家庭の勞働にも服し、また圖書館や研究室の勞働にも服し、また美術館、劇場、音樂會等へ出入して藝術を享樂することも出來るでせう。(與謝野 1980d: 476-477)

この公平な仕組みによって、従来の労働者は解放される。みんなが平等に二、三時間だけ肉体労働に励み、みんなが残りの時間を美術館、劇場、音楽会での芸術的な感性の滋養に費やせる。晶子のこの過激な理想主義に、筆者は自閉スペクトラム症の仲間たちの現実から遊離した理想主義と同質のものを見る。

「キラキラネーム」の先駆者

晶子は夫・与謝野鉄幹との子どもを一二人も産んだ。男女の数は等しく、六男六女だった。いかにも当時の女性らしい女性として、子孫繁栄の務めを果たしていたのだと考えてしまいそうになる。だが、ここで子どもたちの名前を確認してみよう。

生年順に並べてみると、長男・光《ひかる》、次男・秀《しげる》、長女・八峰《やつを》、次女・七瀬《ななせ》、三男・麟《りん》、三女・佐保子《さほこ》、四女・宇智子《うじこ》、四男・アウギュスト、五女・エレンヌ、五男・健《たかし》、六男・寸《そん》、六女・藤子《ふじこ》。かなり違和感のある一覧ではないだろうか。

晶子と鉄幹のヨーロッパ滞在を記念して、日本人夫婦の子どもなのに、ヨーロッパ系の名前が混ざってくる。和風の名前でも、当時なりのキラキラネームだろうと思われるものも、ちらほらある。このような命名には、世間の感覚を無視してしまえる自閉スペクトラム症の特性が働いていたのではないだろうか。現在であればキラキラネームは「ふつう」のことになってしまったから、定型発達の親でも子どもにキラキラネームをつけるだろうけれども、古い時代のキラキラネームは、自閉スペクトラム症に関係していることが多かったのではないか。

なお晶子は「空気が読めなかった」のではなく、「空気は読めていたが、あえてやっていただけだ」という反論は当然のように出るだろう。しかし、自閉スペクトラム症者に起こる「空気が読めない」という現象は、それ自体がスペクトラム状の問題なのだ。「空気は問題なく読めているが、その上であえてやる」というのも、じつは「空気が読めない」の一様態と言って良い。定型発達的に「空気が読める」場合、読めた空気を「あえて」無視するというような「こだわり」をふつう発揮しないものだからだ。

「女性より人間」のフェミニズム

晶子の先進性と大胆さを思えば、彼女が同時代に興隆した女性解放運動に大いに共鳴したのは、当然のことだったとさえ言える。晶子は、運動の中心になった雑誌『青鞜《せいとう》』の創刊号に寄せた「山の動く日」（一九一一年）で解放の感激を詠っている。

山の動く日きたる、

かく云へど、人はこれを信ぜじ。
山はしばらく眠りしのみ、
その昔、彼等みな火に燃えて動きしを。
されど、そは信ぜずともよし、
人よ、ああ、唯《た》だこれを信ぜよ、
すべて眠りし女、
今ぞ目覺めて動くなる。

（與謝野 1980b: 288–289）

筆者の身近にも、自閉スペクトラム症の女性で、ラディカル・フェミニズムに傾倒する人は多い。白黒をつけ、ものごとを完全に決着させたくなる特性が、男女の明らかな不平等という現実社会への反発を後押しするのだろう。

だからこそ晶子が、女性解放運動の最重要リーダーとして活躍し、『青鞜』の編集長でもあった平塚らいてうと論争状態に入った事実は、おもしろい。女性は母となることで最上の幸福を実現すると主張し、「産む性」としての特性を踏まえて女性の価値を強調したらいてうに対して、晶子は「人間は其《その》素質と境遇と其等《それら》を改造する努力とに由って爲《な》し得る限りの道徳生活を建設することが最上の幸福であると信じて居ります」と普遍的人間観に立って、つまり女性も男性と同じような人間性を持っているのだという立場から、女性の価値を主張する（與謝野 1980d: 126）。女性性よりも人間性を重視する態度からも、筆者は晶子に自閉スペクトラム症的特性が濃厚に備わっていた人なのだろうとの想像に誘われる。

良妻賢母時代の「中性」？

　自閉スペクトラム症者には、肉体的には男性や女性でも、心では中性なのだと主張する人が多い。女性の当事者で言えば、男性と結婚した人や、男性とのみ恋愛し、女性は性愛の対象に入らない当事者もしばしばそのようなことを語る。さらに言えば、フェミニズムに共感し、女性の権利を訴えながら、じぶんは肉体的には女性にせよ、性自認としては中性だと訴える当事者も珍しくない。つまり性的指向では異性愛的なのだが、性自認が男女二元論の規範をはみだしているのだ。筆者は、晶子も現代に生きていたら「中性」だと主張していたのではないだろうか、と空想してしまう。一九〇九年のエッセイ「産屋《うぶや》物語」には、つぎのような一節がある。

世間には女の様な容貌、皮膚、聲遣《こわづか》ひ、氣質、感情を持つた男子があり、又男の様な其等の一切を持つて居る婦人があります。即ち子を産む機能を備へた男、文學者、教師、農夫、哲學者と成る技倆《ぎりやう》を持つた女と云ふ様な人が随分あるかと存じます。種種の學理と種種の實驗とから調べましたなら男女の區別の標準を生殖の點許《てんばかり》に取るのは間違かも知れません。然《さ》うすれば男女の何《いづ》れかが全く肉感的であると云ふ様な事も間違であつて、肉感的な人は男女の何れにも多少あり、若しくは人間は一般に多少肉感的であると云ふ事に歸《き》するかも知れません。小説には然う云ふ所まで學理と實際の観察とで書かれて居無ければ進歩したとは申されませんでせう。(與謝野 1980c: 9)

男のような女も、女のような男もいる。エロティックさについては、男女両方にそれが言えて、人類がそもそもエロティックなのだから、小説もそういうことを描かなければいけない。男女二項対立による世間的通念にも晶子は普遍的人間観によって、反対していたのだった。晶子は女性に「良妻賢母」を求める風潮のなかで生きながら、だいぶ中性的な意識でいたと思われる。

突き抜けて、不敬——浮遊する晶子（三）

既存の社会通念や権威を意に介さない、少なくともじぶんを支配するものとしては認めない、という精神的態度は自閉スペクトラム症者に広く見られるものだが、晶子にもそれを思わせる特性が強烈に備わっている。そのもっとも有名な事例は、日露戦争で旅順《りよじゅん》攻略に参加した弟を詠った「君死にたまふことなかれ」（一九〇四年）だろう。

ああ、弟よ、君を泣く、
君死にたまふことなかれ。
末に生れし君なれば
親のなさけは勝りしも、
親は刃《やいば》をにぎらせて
人を殺せと教へしや、
人を殺して死ねよとて
廿《にじふ》四《し》までを育てしや。

（與謝野 1980b: 159）

末っ子として生まれたために親からの愛情は人一倍だった。その親は刃物を握らせて、人を殺せ、殺して死ねと教えただろうか。激烈に始まるこの詩は、第三連で天皇に対する「不敬」にすら踏みこむ。

君死にたまふことなかれ。
すめらみことは、戰ひに
おほみづからは出でまさね、
互《かたみ》に人の血を流し、
獸《けもの》の道に死ねよとは、
死ぬるを人の譽《ほま》れとは、
おほみこころの深ければ
もとより如何《いか》で思《おぼ》されん。

（與謝野 1980b: 160–161）

天皇はみずから出陣してこない。人の血を流させて、獣じみた死に方をさせ、それが名誉なことだと考えるとは、天皇に深い心があればありえないことだ。君主等に対する「不敬罪」を制定している国は珍しくなく、日本ではこの犯罪は一八八〇年に旧刑法で明文化され、第二次世界大戦後の一九四七年に削除されるまで存続した。その時代に堂々とこのような詩を公表することが、いかに大胆だったかは想像にあまりある。

　当時、当然のように物議を醸したこの「不敬」の感覚は、しかしながら晶子にとって世界の最先端を切りひらかせる原動力でもあっただろう。晶子の自閉スペクトラム症的な「突きぬけ感」は「そこまで言うか感」とでも呼ぶべきものになって、全面的に開花した。晶子の発達障害的な特性が、彼女を時代のもっとも前方に立たせていたと筆者は考える。

第3章

ひとつの青い照明感

1896～1933年

宮沢賢治

宮《みや》沢《ざわ》賢《けん》治《じ》

一八九六年、岩手県の花巻《はなまき》に生まれ、生涯のほとんどを同地で過ごした。本業では教師および農業指導者として生き、生前に刊行できた本は詩集『春と修羅』および童話集『注文の多い料理店』のみだった。当時は「不治の病い」として恐れられた肺結核を患い、晩年の五年間は病床に伏した。一九三三年にわずか三七歳で喀血して病没。代表作と目されることが多い『銀河鉄道の夜』をはじめとして、多くの作品は繰りかえし改稿されており、複数のヴァージョンが存在する。その才能は亡くなった時点で注目を集めつつあり、死後に詩人・草野心平らの尽力によって評価が高まり、現在では過去の日本人作家のうちでもトップクラスの人気を誇っている。宮崎駿のように賢治に心酔する創作者はきわめて多い。仏教的宗教性と西洋的モダニズムが混交した作風は唯一無二の境地に達する。妹トシとの兄妹愛や「雨ニモ負ケズ」に詠われたストイックな人生観も名高い。

無垢なアウトサイダー

宮沢賢治（本来の表記は「宮澤賢治」）の作品を初めて読んだ人は、その魔法的な感覚世界にびっくりしてしまうだろう。だから賢治を精神疾患の文脈に関連づける研究が多く存在していることは、けっして不思議とは言えない。たとえば精神科医で病跡学の推進者としても知られる福島章《あきら》は、賢治には双極症（旧称は躁鬱病、双極性障害）に複数の精神疾患が併発していたと推定している。

> 賢治は、普通の躁うつ病者の体験を超えた体験があったといわざるをえない。症状学的にいえば、精神分裂病的な、または中毒精神病的な、または精神発作を伴うてんかん精神病的な病的体験があったと断言できる。そして、ここに挙げた三つの精神病の中で、伝記的な資料から明確に否定できるのは中毒精神病だけである。したがって、宮沢賢治については、一応は躁うつ病という診断が可能であっても、症状学的にみると、精神分裂病やてんかんとの関係も否定できない。天才と呼ばれる人では、病跡学者の間にも診断が複数となる人が多いが、賢治もまたその一人である。（福島 1996: 188）

賢治に双極症、精神分裂病（現在の呼称は「統合失調症」）、癲癇《てんかん》を見る福島に対して、斎藤環は賢治を「アウトサイダー」と呼び、この言葉を「表現と自分との距離がない表現者」、あるいは「表現者を演ずることができない表現者」と定義する（斎藤 2008a: 114–115）。斎藤によると、ペニスを生やした裸の少女たちが遊んだり戦争に従事して殺しあったりしている絵画を描いたアメリカの掃除夫ヘンリー・ダーガーは「徹底して創造的に閉じていること」、その「徹底した自閉」、「ナルシシズムのいたましさ」の点で、賢治に似ている（斎藤 2008a: 115–117）。つまり賢治は、自閉スペクトラム症的な特性が強いためにアウトサイダー（一般社会にとっての局外者）を思わせる人になったのではないか、と斎藤は分析するのだ。

この見立ては、筆者の感じ方と基本的に同じものだ。ヘンリー・ダーガーがどことなく賢治に似ているという指摘にも、納得してしまう。それは、賢治とダーガーの作品に感じられる「童貞的雰囲気」が関係しているだろう。筆者は、賢治とダーガーがほんとうに生涯にわたって性交渉の体験を持たなかったかどうか知らない。しかし、自閉スペクトラム症の男女が、その無垢な印象ゆえに、ある程度年齢を重ねていても、童貞や処女ではないかと勘繰られやすいことはよく知っている。筆者の場合で言えば、一時期は「セックス依存症」のようにして不特定多数の女性たち（一部は男性）と性的体験を謳歌することに没頭したが、その事情を知らないと、筆者を「童貞のまま中年になったのでは?」と感じる人はけっして珍しくない。

　南方熊楠や与謝野晶子のように、自閉スペクトラム症の特性を感じさせる人々の一部が性の問題にあけっぴろげなのに対して、自閉スペクトラム症の特性を有する別の者たちは、賢治やダーガーのように童貞や処女としての印象を周囲に振りまく。摩訶《まか》不思議な表裏一体に見えるかもしれないが、要は対人関係が非定型的だから、つまり標準的ではないのが原因だ。奥手だととことん奥手になるが、性の領域で自己解放のコツを覚えると、手がつけられないくらいに性的享楽にのめりこんだりもする。性的逸脱も甚《はなは》だしかったのかと妄想させかねない熊楠にしても、実際には四〇歳で結婚するまで童貞だったと「履歴書」に明記していることを付け加えておきたい（南方 1971b: 32）。

キラキラチカチカに夢中

　賢治が発表した作品が限定的だったこと、多くの草稿を飽くことなく未発表のまま改めつづけたことも、自閉スペクトラム症の特性のひとつ、「こだわり」を連想させる。晶子の章でも説明した「盆栽いじり」への嗜好だ。

鉱物採集に熱中した子ども時代の賢治は「石ッコ賢さん」と呼ばれたという。のちに星座に熱中したこともそうだけれども、キラキラチカチカしたものに反応したのだと推測させる側面にほかならず、まさにそのようにキラキラチカチカしたものに執着するのが自閉スペクトラム症児の典型的パターンだ。賢治が鉱物だけでなく、昆虫や植物も採集し、絵ハガキなどを集めたことは、熊楠につうじる自閉スペクトラム症の収集癖を思わせる。

筆者は岩手県花巻市を訪れ、賢治にゆかりのある土地を歩きまわりながら、岩手を「イーハトーブ」、花巻を「ハーナムキヤ」などと読んだ賢治の趣向にも、自閉スペクトラム症の「こだわり」が関わっていたのかもしれないと考えた。同市内にある「イギリス海岸」は、賢治がドーバー海峡の白亜の岸壁《がんぺき》を連想し、名づけたものだ。自閉スペクトラム症と言えば、かつて「想像力の障害」が頻繁に話題になったものの――いまでもこれを問題にする専門家は、現代の自閉スペクトラム症研究の水準に常識をアップデートできていない――、この「想像力の障害」とは他者に対する想念の特異性が自閉スペクトラム症の特性をよく表現しているということに過ぎず、虚構の世界を空想する能力は、むしろ定型発達者よりも雄渾《ゆうこん》に育っている場合が珍しくない。

過激な宗教性・政治性——賢治の「こだわり」(一)

賢治は仏教系宗教家の田中智学《たなかちがく》に傾倒して、日蓮主義者に変貌し、極右団体「国柱《こくちゅう》会」に入会した人物でもあった。国柱会は「大東亜戦争」のスローガン「八紘一宇」を最初に標榜した団体として知られ、『最終戦争論』(一九四〇年)などで知られるカリスマ的軍人の石《いし》原莞爾《わらかんじ》も会員のひとりだった。このように極端な宗教性と政治性も、筆者に言わせれば自閉スペクトラム症の特性を推測させてやまない。自閉スペクトラム症者たちを観察していると、スピリチュアルな考え方に共鳴して、新宗教、占い、陰謀論などに夢中になる人も、政治意識を燃えあがらせて、極左、ネトウヨ(ネット右翼)、弱者男性論者、ツイフェミ(ツイッター・フェミニスト)などとして敵対勢力に憎しみをぶつけることに勤しんでいる人も、ほんとうに多いなあ、と驚いてしまう。

賢治のそのような「過激」な一面は、農学校を退職したのちに私塾「羅須地人《らすちじん》協会」をつうじてやっていた農民指導にもよく現れていた。「農民芸術概論綱要」(一九二六年)で賢治は「農民芸術」を希求している。

　農民芸術とは宇宙感情の　地人　個性と通ずる具体的なる表現である〔略〕

そは人々の精神を交通せしめ　その感情を社会化し遂に一切を究竟地《くきようのち》にまで導かんとする
かくてわれらの芸術は新興文化の基礎である

（宮沢 1997: 11）

「宇宙感情」の具体的表現としての「農民芸術」によって、実生活を肯定し進化させるとともに新興文化の基礎を据える。壮大な抱負を抱きつつ、賢治は農民の教化に携わっていたのだ。与謝野晶子にも見られた気宇壮大な宇宙的世界観を背景として、賢治は「書簡 252c」の「下書（四）」として整理された文書で、「宇宙意志」への思いを語っている。

たゞひとつどうしても棄《す》てられない問題はたとへば宇宙意志といふやうなものがあってあらゆる生物をほんたうの幸福に齎《もたら》したいと考へてゐるものかそれとも世界が偶然盲目的なものかといふ所謂《いはゆる》信仰と科学とのいづれによって行くべきかといふ場合私はどうしても前者だといふのです。すなわち宇宙には実に多くの意識の段階がありその最終のものはあらゆる迷悟《めいご》をはなれてあらゆる生物を究竟の幸福にいたらしめやうとしてゐるといふまあ中学生の考へるやうな点です。ところがそれをどう表現しそれにどう動いて行ったらいゝかはまだ私にはわかりません。(宮沢 1995e: 144)

あらゆる生命体を幸福に導こうとする「宇宙意志」が実在し、宇宙の意識段階の頂点に位置すると語られる。じつはヨーロッパでは、古代から近代まで「存在の連鎖」や「存在の階《かい》梯《てい》」と呼ばれる宇宙観が支配的な位置づけを得ていた。宇宙は神を頂点または全体の枠組みとする構造体で、その構造のうちに下方から上方へと、鉱物、植物、動物、人間、天使に至る序列が敷かれているという観念だ。このような世界観は、一九世紀に急速に廃れたのだが、二〇世紀初頭にアーサー・O・ラヴジョイが『存在の大いなる連鎖』で論じたように、このような発想を維持しつづける人々はそれなりにいた。なにかの文書をつうじて、この「存在の連鎖」の観念が賢治にも到達したものと思われる。

　ところで、この「存在の連鎖」の観念は、自閉スペクトラム症者と相性が良いと筆者は考える。というのも、一般社会と波長が合いにくく、多くの場面でアウトサイダーとして疎外されざるを得ない自閉スペクトラム症者は、じぶんを能動的な存在よりは受動的な存在と感じやすいものだからだ。筆者を含めて、多くの自閉スペクトラム症者が、じぶんはクラゲのように波間にぷかぷかたゆたいながら生きていると感じている。神によって創造された「被造物」として、宇宙的序列のなかに位置づけられているという世界観は、この感覚と調和しやすい。

徹底的な「青狂い」——賢治の「こだわり」(二)

筆者が賢治に強く惹かれる理由は、彼の「青狂い」にもある。自閉スペクトラム症者には青い色を好む人が多いのだけれど、定型発達者のあいだにも青がいちばん好きだという人は多いから、青が好きなこと自体を発達障害の特徴と言うのは乱暴だろう。発達障害のあるなしに関係なく、好みの色は誰にでもある。しかし「強いこだわり」の特性が備わっている自閉スペクトラム症者の場合には、「青狂い」がずっと徹底的になる傾向があることもたしかなのだ。

詩集『春と修羅』(一九二四年)に掲載された「青森挽歌《ばんか》」で、賢治はつぎのように詠っている。

こんなやみよののはらのなかをゆくときは

客車のまどはみんな水族館の窓になる
　（乾いたでんしんばしらの列が
　せはしく遷《うつ》つてゐるらしい
　きしやは銀河系の玲瓏《れいらう》レンズ
　巨《おほ》きな水素のりんごのなかをかけてゐる）
［……］
あやしいよるの　陽炎《かげろふ》と
さびしい心意の明滅にまぎれ
水いろ川の水いろ駅
　（おそろしいあの水いろの空虚なのだ）
汽車の逆行は希求《ききう》の同時な相反性
こんなさびしい幻想から
わたくしははやく浮びあがらなければならない
そこらは青い孔雀のはねでいつぱい
真鍮の睡《ねむ》さうな脂肪酸にみち

車室の五つの電燈は
いよいよつめたく液化され［……］

われらが上方とよぶその不可思議な方角へ
それがそのやうであることにおどろきながら
大循環の風よりもさはやかにのぼつて行つた
わたくしはその跡をさへたづねることができる
そこに碧い寂《しづ》かな湖水の面をのぞみ
あまりにもそのたひらかさとかがやきと
未知な全反射の方法と
さめざめとひかりゆすれる樹の列を
ただしくうつすことをあやしみ
やがてはそれがおのづから研かれた
天のる璃の地面と知つてこゝろわななき
紐になつてながれるそらの楽音

（宮沢 1995a: 156–164）

水族館の窓、銀河系の玲瓏レンズ、巨きな水素のりんご、あやしいよるの陽炎、水いろ川の水いろ駅、水いろの空虚、青い孔雀のはね、つめたく液化、大循環の風、碧い寂かな湖水の面、天の瑠璃と、青色、水色、空色などを連想させる言葉がこれでもかというくらいに並んでいる。題名自体が「青森」という地名を含んでいることに注意してほしい。「青」という漢字と暗い青みのある空間を思わせる「森」のイメージが、賢治を魅惑したのだろうと推測できる。

筆者の経験に照らしてみると、青い色調を好むことと前節で述べた受動的感覚の組みあわせによって、周囲にある青色のものから日常的にいちいち水中の青を連想する生活が立ちあがってくる。まわりを「みんな水の中」と連想し、世の中をゆらゆら漂流しながら暮らす気分から、じぶんが生きながら、なかば死んでいるという気にもなってくる。だから賢治が「青」と「死」を結びつけたことも、けっして不思議ではない。彼は一九一八年、詩人で、童話『銀河鉄道の夜』のカムパネルラのモデルとしても知られる友人の保《ほ》阪《さか》嘉《か》内《ない》に宛てた葉書でつぎのように書きおくっている。

私の世界に黒い河が速《すみやか》にながれ、沢山の死人と青い生きた人とがながれを下って行きますする。青人は長い手を出して烈《はげ》しくもがきますがながれて行きます。青人は長い長い手をのばし前に流れる人の足をつかみました。また髪の毛をつかみその人を溺らして自分は前に進みました。あるものは怒りに身をむしり早やそのなかばを食ひました。溺れるものの怒りは黒い鉄の瓦斯《がす》となりその横を泳ぎ行くものをつゝみます。流れる人が私かどうかはまだよくわかりませんがとにかくそのとほりに感じます。(宮沢 1995d: 107)

たくさんの死者と「青い生きた人」や「青人」——つまり「青い人」——が水の流れを降っていく。生きた者も生きながら死んだような受動性を帯びているのだ。このような感覚世界は、ほかのどのような精神疾患よりも自閉スペクトラム症にふさわしい。

思うに、この「青」と「死」の近さの感覚は、解離によっても発生していただろう。通常の自閉スペクトラム症の感覚世界を超えて、現実そのものが死者の世界のように遠く、すべてがかりそめのものに過ぎないという離人感によって、詩集『春と修羅』の冒頭に置かれた「序」は書かれたと思われる。

わたくしといふ現象は

仮定された有機交流電燈の
ひとつの青い照明です
（あらゆる透明な幽霊の複合体）
風景やみんなといつしよに
せはしくせはしく明滅しながら
いかにもたしかにともりつづける
因果交流電燈の
ひとつの青い照明です
（ひかりはたもち、その電燈は失はれ）

（宮沢 1995a: 7）

五感の結晶体としてのオノマトペ——賢治の「こだわり」（三）

賢治と言えば、ゆたかなオノマトペも魅力的だ。彼のオノマトペを読んで、特大級の「こだわり」を感じない者はいないはずだ。

なかでも、「青じろい水底《みなそこ》」を舞台とした「青い幻燈」のような童話「やまなし」に登場する「クラムボンはかぷかぷわらったよ。」の「かぷかぷ」は白眉と言って良い。「クラムボンは死んだよ。」「クラムボンは殺されたよ。」「クラムボンは死んでしまったよ………。」と詠われる一連の場面からは、青と死とオノマトペの複雑な連合現象が露出している（宮沢 1995c: 5–6)。童話「十力《じふりき》の金剛石」は、自閉スペクトラム症の感覚過敏を言語によってみごとに形象化したものとしか思えない。オノマトペとは、周囲に理解されづらいみずからの特異な五感を、なんとか他者にとって共有できるようにしたいという願望が結晶化したものにほかならない。

光の丘はサラサラサラサラッと一めんけはひがして草も花もみんなからだをゆすったりかゞめたりきらきら宝石の露をはらひギギンザン、リン、ギギンと起きあがりました。そして声をそろへて空高く叫びました。

十力の金剛石はけふも来ず
めぐみの宝石《いし》はけふも降らず、
十力の宝石《いし》の落ちざれば、
光の丘も　まっくろのよる。

（宮沢 1995b: 198）

このようなオノマトペは、おそらく自閉スペクトラム症のエコラリア（「オウム返し癖」）とも親和性が高いと思われる。自閉スペクトラム症者は同じ言葉を繰りかえし発語したがり、お気に入りの音を反復して楽しむ。文学を愛好する自閉スペクトラム症者は、賢治の童話「ペンネンネンネンネン・ネネムの伝記」の作品名に対して、まちがいなく全面的な共感を覚えるだろう。

ソウルメイトの希求

自閉スペクトラム症者の全人口に対する割合を考えれば、私たちが心を許せる人との出会いに飢えるのは当然のことだ。自閉スペクトラム症の発症率はDSM-5-TRでは一パーセント程度と記されている（かつてはもっと少なかった。現在では二パーセントや五パーセントという報告もある）。ということは、一〇〇人から二〇〇人にひとりが、じぶんにかなり似た人ということになる。しかも、自閉「スペクトラム」症の名称が示すように、同じ自閉スペクトラム症者でも実態は多様だから、ほんとうに意気投合できる人となると、運命的な比率になる。ときどき、ひどく低い確率でじぶんに似ている人に出会う経験を重ねると、世界のどこかにはじぶんと真に魂を共有できる誰かが、つまり「ソウルメイト」がいるのではないか、という希望あるいは幻想が湧いてくる。

オーストリアの天才詩人として知られるゲオルク・トラークル（一八八七―一九一四年）は賢治（一八九六―一九三三年）と同時代人だが、彼の詩のなかでは実妹のマルガレーテが熱愛と崇拝の対象になり、女神のように神聖な存在として謳われている。それらの詩には、近親相姦の恋文にしか見えない箇所が多く見られる。妹は結婚後に死産したものの、死んだ赤ん坊の父がじつは兄のゲオルクだったのではないか、と疑う人がいる。ここで筆者の推測に移るが、この兄妹の文書を読むと、その書き方や感じ方には自閉スペクトラム症の特性が濃厚に備わっていると感じる。しかも自閉スペクトラム症は非常に遺伝しやすい精神疾患で、ある人に自閉スペクトラム症の特性が濃厚に現れている場合、その父母、兄弟姉妹、子ども、孫なども多くの場合、自閉スペクトラム症の特性を共有しているものなのだ。それで、トラークル家の兄妹はじぶんたちと世間とのあいだに感じ方や考え方の断絶を感じつつ、互いをソウルメイトとして認識していたのではないか、と推測したくなる。

もちろん筆者は、賢治と実妹トシのあいだに、近親相姦的な恋情があったとはまったく思わない。しかし、ソウルメイトとしての感情をトラークル兄妹と同様に、通わせていただろうとは思う。トシと死にわかれたときの賢治の詩「永訣《えいけつ》の朝」は、それゆえに心が痛むような迫真性を放っている。

けふのうちに
とほくへいつてしまふわたくしのいもうとよ
みぞれがふつておもてはへんにあかるいのだ
　（あめゆじゆとてちてけんじや）
うすあかくいつそう陰惨な雲から
みぞれはびちよびちよふつてくる
　（あめゆじゆとてちてけんじや）
青い蓴菜《じゅんさい》のもやうのついた
これらふたつのかけた陶椀《とうわん》に
おまへがたべるあめゆきをとらうとして
わたくしはまがつたてつぱうだまのやうに
このくらいみぞれのなかに飛びだした
　（あめゆじゆとてちてけんじや）

蒼鉛《そうえん》いろの暗い雲から
みぞれはびちよびちよ沈んでくる
ああとし子
死ぬといふいまごろになつて
わたくしをいつしやうあかるくするために
こんなさつぱりした雪のひとわんを
おまへはわたくしにたのんだのだ
ありがたうわたくしのけなげないもうとよ
わたくしもまつすぐにすすんでいくから
　（あめゆじゆとてちてけんじや）
はげしいはげしい熱やあへぎのあひだから
おまへはわたくしにたのんだのだ
　銀河や太陽、気圏などとよばれたせかいの
そらからおちた雪のさいごのひとわんを……

（宮沢 1996: 242–243）

蓴菜《じゅんさい》は緑色をしていて、緑を青と呼んだ日本語の古来の慣習にのっとって「青」の眷属《けんぞく》に入ってくる。空の雲も「青」を利用して「蒼鉛」と形容される。白い雪の空間のなかで、雪が溶けて雫となった光景は、水色に輝いているだろう。その水色の世界で、賢治とトシはほかの誰よりも「青い人」になっていたのではないか。

賢治のソウルメイトへの感情をもっとよく理解するには、上に引用した「永訣の朝」のほかには、「銀河鉄道の夜」に描かれたジョバンニとカムパネルラの友情がもっとも好適だと考えられる。宇宙空間を舞台とした親友同士の関係に対して、小学生だった筆者は、未知のソウルメイトへの憧れをふくらませながら、心をぞんぶんに震わせた。

ヘタウマの味わい

花巻の宮沢賢治記念館を訪れ、賢治の直筆原稿を眺め、筆者は苦笑いしながら、「小学生のときにも、なにかの本で見て苦笑したな」と思いだした。筆者と同じタイプのヘタウマの筆跡なのだ。自閉スペクトラム症には高い頻度で発達性協調運動症が併発し、手先が極端に不器用になる。賢治の筆跡はヘタさを独特のユーモアで誤魔化したものと考えられ、まさに筆者自身がじぶんの筆跡で実践してきた「ヘタウマ」の書体の原型はここにあったのだと、子どもの頃にこの筆跡を見て、じぶんもこういう「ヘタウマ」戦略で行こうと決めたのだ、と思いだした。

新花巻駅に戻ると、来たときには気づかなかった駅舎内の壁画に心が吸いよせられた。説明文の書かれたプレートを読むと、イーハトーブを表現した絵で、花巻市が企画し、池田次《つぎ》男《お》という画家が作画したと書いてあった。共産主義芸術とマンガ的な感性が合体したような印象があり、どことなくゲテモノめいているものの、たしかなユーモアが感じられて、ためらいつつ好ましいものとして受けとめた。これもまたヘタウマだ。その意味で、この壁画は賢治が作りあげた至純の世界を的確に視覚化していたと言って良い。

第4章

トウフ屋感

小津安二郎

1903～1963年

小《お》津《づ》安《やす》二《じ》郎《ろう》

一九〇三年、東京都東京府深川（現・東京都江東区深川）生まれ。サイレント映画の時代から活躍し、トーキー映画の時代にかずかずの傑作を生みだして国内有数の才能に恵まれた映画監督として名を馳せ、カラー映画時代の初期まで作品を世に送った。「小津調」と呼ばれる独自の様式美によって国内外に心酔者が多く、映画監督の小津ファンにはヴィム・ヴェンダース、アッバス・キアロスタミ、ホウ・シャオシェン、ジム・ジャームッシュ、アキ・カウリスマキ、黒沢清、青山真治など名だたる顔ぶれが並ぶ。同時代には黒澤明や溝口健二と並び称されることが多かったが、現在の小津の評価はふたりを上回るほどになっている。一九六三年、還暦（六〇歳）を迎えた日に病没。墓には「無」の一文字が刻印されている。生涯妻帯しなかったが、好んで自作に起用した女優で絶世の美貌を誇った（そして小津の没後に若くして隠遁し、世間から身を隠した）原節子とのプラトニックラブを邪推する人も多い。

定型発達社会への適応の試み？

二〇一二年、小津安二郎の映画『東京物語』（一九五三年公開）は、英国映画協会が発行する*Sight & Sound*誌が発表した「映画監督が選ぶベスト映画」の一位、かつ「批評家が選ぶベスト映画」三位にランクインした。国際的に評価されてきた日本の映画監督は何人もいるけれど、小津への評価はもはや、かつてナンバーワンと見なされることが多かった黒澤明へのそれを凌《しの》いでいる。

好きな映画について自閉スペクトラム症の仲間たちと話していると、「私は典型的なところだと、小津安二郎みたいに人間の心の機微を描いた映画がほんとうにダメで」と語りだした人がいた。なるほど、わからないではないのだが、筆者自身は小津映画にも自閉スペクトラム症の特性が濃厚にあると感じる。人の心の交流を描くというテーマ設定にしても、自閉スペクトラム症者がしばしば自己の課題として強く意識する定型発達社会への適応を目的とした人間理解の試みだったのではないか、と考えている。

「お約束」を徹底無視――「小津調」の秘密（一）

小津映画の独特のスタイルは、「小津調」と呼ばれる。とくに腹ばいになって撮影されたローポジションによる撮影手法が異様な雰囲気のレイアウト（画面設計）を作りだしている。同じく異様なのは、出演者同士に正面を向かせて話させ、それをカットバック（切り返し）で、つまり複数の場面を交互に映す手法によって、コミュニケーションのありさまを表現するのを好んだ点だ。

　このカットバックの手法について、イマジナリーライン（想定線）の問題がよく指摘されてきた。映画の「文法」と呼ばれるもの、つまり広く共有された業界内の慣習では、会話の場面で話し手を交互に映しだす際、ふたりの視線をつなぐ空想上の直線をまたぐことは御法度とされている。その直線の片側からのみの撮影を推奨するのが「１８０度の規則」と呼ばれる原則だ。というのも、その空想上の線をまたいで撮影すると、ふたりが向きあっているという構図が観客に伝わりづらくなってしまうとされているからだ。

　小津はこの「文法」に頓着《とんちゃく》しなかった、むしろ好んでそれを侵犯《しんぱん》し、登場人物に各ショットで同じ方向を向かせていた。このような小津の態度は、「文脈」「通念」「常識」などに頓着しない自閉スペクトラム症者たちと深く共鳴するものだ。

　小津は「私は理論を重んずる事も嫌いだし、理論を軽んずる事も嫌いだ。私は天邪鬼《あまのじゃく》かも知れないが、物事の判断を好きか嫌いかできめるのである」と語る（小津 2010: 59）。こんな発言を眼にすると、筆者は、「天邪鬼」だらけの自閉スペクトラム症者たち（筆者自身を含む）の顔を思いうかべて、思わずニヤリとしてしまう。このカットバック問題に対して、コラムニストの中野翠《みどり》は、小津が空間意識に弱かったのではないかと推測する。

> 私はこの視線の問題がわからない。まるっきり気にならないのだ。なぜ視線が合ってないように見えるかという詳しい説明を読んでもわからない。どうも私は空間を立体的に把握するセンスに乏しいんじゃないかと思う。映画というものを絵物語のように平面的に把握しているのかもしれない。昔から絵を描くのは好きだったが、ものを立体的に頭の中で再構成できないため、石膏デッサンはとても苦手だった。もしかすると小津監督もそうだったのでは？——と乱暴な推察をしてしまう。小津監督が趣味で描いた絵は基本的に平面的だもの。（中野 2008: 207）

自閉スペクトラム症者は知覚推理（知覚統合）と呼ばれる能力が低いことが多く、これが低いと立体がうまく把握できず、空間を平面的に感じてしまう。小津も、中野も、そして筆者自身もそうなのだが、同じ特性を共有している者同士だったのではないだろうか。じつは筆者にも中野にとってと同様、先ほどの「イマジナリーライン」の問題が、まるでピンと来ない。

やかんの配置に一時間——小津調の秘密（二）

小津が画面に映しだす対象を、こだわりにこだわって選びぬいていたことは、広く知られている。同じ俳優を好んで使うのは多くの映画監督に見られるたんなる選好性、つまり好みの問題かもしれないにせよ、それでも笠智衆《りゅうちしゅう》や原節子に対する執着は、やはり極端だったのではないか。加えて言えば、『晩春』（一九四九年）、『麥秋《ばくしゅう》』（一九五一年）、『東京物語』は単一シリーズでもないのに、原節子演じるヒロインの役名が「紀子《のりこ》」に統一されていた。笠智衆が『東京物語』で「平山周吉」、『秋刀魚《さんま》の味』（一九六二年）で「平山周平」なのは、筆者には小津の「自閉度」の高さだと感じられる。自閉スペクトラム症を特徴づける「同一性保持」の原則だ。与謝野晶子や宮沢賢治に関して述べた「盆栽いじり」と言っても良い。

ファッションに対するこだわりも深く、小津は衣装を選ぶ際に、虫眼鏡まで使って品定めをしていたという（中野 2008: 口絵3）。自分の映画に登場する店の看板を小津みずからが描くことも多かったが（中野 2008: 口絵5）、これは自分の世界観を第三者が理解するのは難しいと判断しての自閉的な処理だろう。知覚推理の低い表現者は、平面的な空間設計を念頭に置いてレイアウト（人や物の配置）を練ることになるため、周囲の人とのあいだに審美上の常識のギャップが生まれることになる。小津映画に何度か出演した女優の桜むつ子は「すごいですよ。もうやかんの置き方だけだって一時間くらいかかっちゃって。役者の問題だけじゃないんです」（田中 2020: 139）と証言している。

映画研究者の伊藤弘了《ひろのり》は、この「配置」問題に小津の一種の狂気を見ている。「狂っていたという点では小津安二郎も大概だけれど、小津の場合はそれが一見わかりにくいというか無意味にさえ思える分、余計に怖い。たとえばグラスのなかの液体の高さを揃えようとしてみたり、その高さと卓上の皿の高さを合わせようとしてみたり。すべてのショットでこの種のこだわりを貫こうとする」（伊藤 2018）。筆者としては、この「狂気」は自閉スペクトラム症の特性としてたやすく説明できると考える。

筆者がもっとも好む小津映画は第一に『秋刀魚の味』、第二に『お早よう』（一九五九年）だ。小津が一九六三年に六〇歳で亡くなったために、これらのカラー作品が少ししかないのは、つくづく残念だと考える。小津のカラー作品では、女優たちの美しさが白黒作品よりもさらに際立っているから、原節子が出演していた白黒映画をカラーで観たい気分になる。じつを言えば、インターネット上にはＡＩ（人工知能）を使って白黒の小津作品をオールカラーに補正した動画がいくつかあがっていたので、それを筆者は興奮しながら堪能したのであった。とりわけ原節子の美貌が改めて心に焼きついた。

小津のカラー作品では、小物の色合いがまた素晴らしい。赤、黄、緑、青と色とりどりのアイテムを並べることが非常に多く、なんだかジャック・タチの映画にも通じるところがあり、ファンタジックでかわいらしい。このようなところから「渋い」作品を作ったと見なされがちな小津の子どもっぽさを筆者は感じとってしまう。それは宮沢賢治の世界観とひそかに通底していると言って良い。

物の配置や色調へのこだわりが、人間の配置をも支配するのが小津の映画だ。彼の映画の画面を観ていると、筆者は心理士（心理師）の村中直人が『ニューロダイバーシティの教科書』で書いた記述をいつも思いだしてしまう。村中は、自閉スペクトラム症者の特徴のひとつを、「人間を特別扱いしない脳」に、つまり人は当然ながら物より上位に位置するという社会通念、すなわち定型発達者の世界観を必ずしも受けいれない点に見ている（村中 2020: 57）。物の配置が出演者という人より優先されたことについて、笠智衆は報告している。

> 昭和二十二年の『長屋紳士録』という映画では、こんなこともありました。／易者役の僕が、机の上の手相の図に、筆先でチョンチョンとツボを書き込む場面があったのです。これを正面からキャメラで撮っている。筆を使うと、当然、頭が下がるわけですが、先生は「顔はそのまま」とおっしゃる。僕が、「そりゃあちょっと不自然じゃないですか」と思いきって抗議してみたら、「笠さん。僕は、君の演技より映画の構図のほうが大事なんだよ」と、一蹴されてしまいました。（笠 1991: 82–83）

小津にとっては、役者の演技よりも、役者の配置も含めた画面全体の構成のほうが、全体を統《す》べる絶対的ルールなのだった。

トウフ屋の「一人芸術」——小津調の秘密（三）

映画はしばしば「第八芸術」として語られてきた。古代から存在した文芸、音楽、絵画、演劇、建築、彫刻、舞踊という七種の芸術リストに、近代になってから八番目の「映画」が加わったという指摘だ。その「第八芸術」は、ほかの七つの芸術以上の「総合芸術」だという議論もよくなされてきた。しかし、笠は小津映画に関しては、そうではない、「一人芸術」

なのだと否定する。

映画は総合芸術といいますがね、小津先生に限りそれは違います。あれは一人芸術です。小津先生が一人で作ったもので、私なぞはただ出演させて貰っただけ。科白《せりふ》も口移し、演技の間も指定された通り。（高橋 1982: 21）

この「一人」で自己完結している芸術というのは、つまり小津の自閉スペクトラム症の特性がもたらした様式だ。したがって筆者は、（皮肉や非難を込めてではなく）最大の共感と愛情を込めて小津作品を「自閉芸術」と呼びかえたい。小津はエッセイ集『僕はトウフ屋だからトウフしか作らない』で「どうかすると『たまにゃ、変ったもの作ったらどうだい』という人もいるが、ボクは『豆腐屋』だといってやるんです。『豆腐屋』に『カレー』だの『とんかつ』作れったって、うまいものが出来るはずがない」と弁明していて（小津 2010: 33）、このトウフ屋感と言うべきものこそ小津の自閉的本質だろう。

小津映画の「猥褻《わいせつ》さ」についてお話させていただきます

南方熊楠や与謝野晶子の章で見たように、自閉スペクトラム症者はしばしば性の問題にあけっぴろげなのだが、小津映画からは人はほとんどセックスの香りを嗅ぎとらないと思われる。その意味では小津は宮沢賢治に近い場所にいたと言って良い。

しかし、異論もある。小津を飽くことなく称賛した批評家の蓮實《はすみ》重彦は、小津映画に「猥褻」な要素が隠されていると主張した。例のカットバック問題について、蓮實は主張する。

> あるいはことによると、そのことで小津は密《ひそ》かに喜んでいるのかもしれない。正面を向いた女性の、とりわけ原節子のひたいの、むき出しにされた毛の生えぎわの美しさを画面に定着させることだけのために、こうした画面に執着していたのかもしれない。（蓮實 2016: 188)

蓮實自身の欲望を小津映画に投影しているだけの意見と見る人もいそうだが、どうだろうか。蓮實は『晩春』で、父と娘が並んで寝る場面についても興奮ぎみに語る。

> その二人ともが結婚をひかえた身であるという点を考慮してみるなら、原節子をはじめて主演女優に迎えた小津安二郎は、きわめて猥褻な主題に直面していることになる。事実、ここには、性がまぎれもなく露呈されているのだ。放埓な性的夢想を楽しむ姿など想像しがたい笠智衆の表情にもかかわらず、娘の姿態《したい》が、性的な欲望の震えをあからさまに伝えているのである。もちろん、卑猥な細部の介入は周到に避けられているが、同じ寝室を共有しえた父に向って、枕にのせた顔を天井に向けて語りかける娘の視線は、この瞬間をいつまでも長引かせたい期待に潤っている。(蓮實 2016: 330)

『晩春』を観ていると、笑顔の原が非常な躍動感を見せ、自転車で軽快に走っていく場面などはアイドル映画ではないかと錯覚しそうになるほどなので、そういう健康なエロティックさを堪能したあとに、「寝ようか」「ええ」「消しましょうか」「ああ」と父と娘が言葉を交わす場面を深読みしたくなる気持ちは、わからないでもない。

筆者としては、小津映画の画面の慎重に整えられた均整美と、あのゆったりもったりした会話のテンポから、小津映画にはむしろ「性」より「死」の匂いを感じてしまう。その点でも小津の作品世界は宮沢賢治のそれに似ているかもしれない。もっとも精神分析の考え方を踏まえるなら、「性」と「死」はごく近い地点にあるということになるのだが。

「A級」に潜む「B級」感

筆者は蓮實の深読みにそれほど共感できないわけだが、小津映画にそれなりのエロティシズムが盛りこまれていることを認めるのに、まったく反対というわけではない。原節子や別のお気に入り女優だった岩下志麻のあでやかな姿態を観ているだけでも、蓮實に同意できると感じる。

それならば、小津映画にはその表面から感じとれる格調の高さ、清潔な印象に反して、B級映画的な側面があると論じることはできるだろうか。この問題については、蓮實に影響を受けた映画監督として知られる黒沢清が、小津の編集技術に関して語っている。

> これは僕の想像なんですけど、動かないじゃないですか、あんまり。なんで動かないのか。つなぎやすいからじゃないか（笑）。下手に動かれるとつなぎづらいじゃないですか。じーっと一方向見てしゃべっていれば、どうとでもつなげるぞっていう。役者がそのことをわかっていれば、ただじーっとしてずっとしゃべっていれば、「はいオーケー、

> はいオーケー、おしまい」っていう、あと編集でチャチャチャッとやっていく、「うーん、B級」という（笑）。すごいB級な撮り方をどっかでしていた人なんではないか。
>
> （黒沢／青山 2020: 86）

ゆったりと動く小津の作品は、格調の高さを演出しているから、一見すると「B級」の反対、言うなれば「A級」の雰囲気を漂わせているのだが、黒沢はそれを成立させている技術が「B級」だと考えているのだ。黒沢はさらに語る。

> まあAとBの境い目がどこかっていうのも誰にもいえないところでしょうからそれはわかんないですけど、いろいろいわれてる溝口健二とか黒澤明とかと比べると、小津はずいぶんとB級っぽさのある人なんではないかと。効率しか考えてないいんじゃないのって。
>
> （黒沢／青山 2020: 87）

この小津映画の「B級性」という主題はおもしろい。かりに定型発達者の世界観を「A級」とすれば、自閉スペクトラム症者の世界観は「B級」ということになるだろうからだ。

同族嫌悪の的になる

筆者は蓮實や黒沢の見解を知って、日本映画史上、Ｂ級映画監督の最高峰と見られることが多い鈴木清順《せいじゅん》は、意外なほど小津に近いところに立っていたのではないかと妄想するようになった。表面的な画面の印象だけで、ふたりは正反対の存在と思えてしまう。清順自身は、阿川佐和子に小津への反感をはっきり語ったことがある。

鈴木　「打倒、小津！」ですよ、同期助監督の合言葉は。

阿川　おつくりになるものが正反対ですけど、「小津さんと同じことはやるまい」と？

鈴木　いや、そんな畏《おそ》れ多いことを。でも、小市民的生活のシアワセは肌に合いませんね。

阿川　（原節子風に）「お父様、サンマが焼けました」

鈴木　（同じく原節子風に）「お母様、サンマが焼けました」「あら美味しそう」「美味しくてよ」。それだけだもんね。何も動かない、動いてるのは扇子《せんす》だけ（笑）。

阿川　でも、今、国内外を問わず小津さんの影響を受けている映画監督がいっぱいいますよね。

鈴木　ツラが見たいね。おっとまた口が滑った（笑）。

（阿川 2006: 145–146）

「扇子」は「団扇《うちわ》」が適切だろうけれども、清順が抱いていたのは、ひそやかな同類嫌悪なのかもしれない。清純のカルト映画として代表的な『殺しの烙印《らくいん》』（一九六七年）は、一見するとハードボイルド映画の体裁を取っているが、殺し屋ランキング第三位にランクインしている主人公（宍《しし》戸《ど》錠《じょう》が演じる）は、「おれはこいつで炊いた匂いがたまらないんだ」と言いながらガス炊飯器の前に顔を近づけ、米飯の香りに興奮を覚え、恍惚《こうこつ》とする。そのように自作映画で奇天烈な描写をする清純は、もしかするとじぶんの作品と小津の映画がどこかで共鳴していると予感したからこそ、小津を激しく拒絶したのではないか（ちなみに右記の場面は配給会社の日活の社長に激怒され、清純は同社から追放された）。蓮實は、村上春樹に対する苛烈な批判者なのだが、筆者はふたりにかなり近しいものを感じるときがある。それと同様の事態が、清順と小津のあいだにもあったのではないか。

小津の「帽子」の秘密

小津にゆかりのある場所として、二ヶ所に足を運んだ。ひとつは広島県尾道市で、『東京物語』では東京のほかに尾道が舞台に選ばれているためだ。『おのみち映画資料館』は小津に関する資料を展示し、いくつかのプログラムを上映してもいる。筆者はそれらの上映動画を観たあとに、展示されている小津の多くの写真を見ながら、同じ帽子姿が非常に多いことにほほえんでしまった。自閉スペクトラム症の「同一性保持」を思いうかべたのだ。

足を運んだもう一ヶ所は、神奈川県鎌倉市だった。同地にある円覚寺《えんがくじ》に小津の墓があるのだ。墓石には大きく「無」とのみ彫られていて、かずかずの訪問者を混乱させてきた。「死んでも文脈を無視しつづけてるのか？」と筆者は小津への畏敬の念を新たにした次第だ。

第5章

芸術爆発感

岡本太郎

1911～1996年

岡本《おかもと》太郎《たろう》

一九一一年に神奈川県で生まれ、東京で育つ。父は放蕩ぶりがすごかった漫画家の岡本一平《いっぺい》、母はお嬢さん育ちで家事や育児を不得手とした歌人で小説家の岡本かの子。現代的に言えば、太郎は機能不全家庭に育ったアダルトチャイルドと言えるだろう。一九三〇年から一九四〇年までフランスに滞在して、パブロ・ピカソの抽象芸術、シュールレアリスム運動、思想家ジョルジュ・バタイユなどに感化された。ナチス・ドイツのパリ侵攻にあたって帰国し、戦後になってから花田清輝、埴谷雄高、安部公房らとともに日本のアヴァンギャルド芸術を先導する。一九七〇年、大阪万博のテーマ展示でプロデューサーを務め、「太陽の塔」を建設した。その後、積極的にテレビ番組に出演するようになり、「芸術は爆発だ！」「なんだ、これは！」などの流行語で一世を風靡《ふうび》した。一九九六年、八四歳でパーキンソン病に由来する急性呼吸不全により、死去。

大阪の太郎、東京の太郎

二一世紀になってから岡本太郎の再評価が進み、奇怪な形状をしたモニュメント「太陽の塔」（一九七〇年）に対する人気がずいぶん高まったものの、大阪出身の筆者は、子どもの頃から「太陽の塔」を身近に感じていたので、再評価を「なんだい、いまさら」と冷たく眺めてしまったことを告白しておく。

『新世紀エヴァンゲリオン』の「使徒」を思わせる、あんな化け物的モニュメントを公園の中央にドカンと置くのは、いかにも大阪的と言えないだろうか。高校時代の筆者は、毎週テレビで本放送されていた『新世紀エヴァンゲリオン』を観ながら、「使徒はきっと「太陽の塔」が霊感源なんだろうな」と想像しては、大阪人として誇らしさを感じた。『エヴァンゲリオン』の監督・庵野秀明が大阪芸術大学出身と知って「やっぱり大阪ノリを取りこんだ人なんだ！」と喜んだし、逆に大阪万博と「太陽の塔」を除くと、岡本太郎自身がそれほど大阪にゆかりがある人ではないのを知って、ひそかに落胆もした。

大阪は、街そのものがＡＤＨＤ的だと感じることがある。人々はよくしゃべり、よく動き、おっちょこちょいな傾向があって、余計なことを言ったりやったりするが、どことなく憎めない。「太陽の塔」のほかにも、パリの凱旋門とエッフェル塔を合体させるという奇想から生まれた「通天閣」、コンクリートで無機質に建て直した「大阪城」、外国人にやたら人気がある「梅田スカイビル」、日本でもっとも高いビルとして建造された「あべのハルカス」といったキッチュな印象の建造物がランドマークとして活躍している。かつて通天閣の少し南にあった「フェスティバルゲート」に至っては、街中に聳えたつビルに、ジェットコースターのレールが巻きついて、人々は遊園地気分を楽しむことができた。そのでたらめな感じが、ＡＤＨＤ的だ。

筆者は子どもの頃、じぶんのＡＤＨＤに苦労し、ＡＤＨＤという精神疾患の存在を知らないままに、「この大阪という街は、じぶんのために作られたような街だ」と感じることが多かった。だから東京の南青山にある岡本太郎記念館を訪れたときには、「東京のこんなオシャレな場所に、岡本太郎はふさわしくないのに。この人は関東人というよりは関西人なのに」とすら思った。実際には太郎は神奈川県に生まれ、東京で育ち、東京で亡くなった人だ。

Ｂ級美学宣言

再評価が進んだ太郎だが、美術作品を鑑賞していると、Ｂ級感を感じさせるものが非常に多いことは否定できない。ピカソとミロとカンディンスキーとダリをちゃんぽんにしたような作風だ。つまりニセモノくさい。描線の筆致は、マンガ家だった実父・岡本一平のものに似ている。太郎の作品が国際社会でほとんど評価されていないと聞いたとき、「やはりそうだったか」と驚きもなく受けとめた。筆者は太郎がデザインした「水差し男爵」を所有しているが、このような工業製品向けのデザイナーとしては、太郎の作品はきわめて魅力的だ。つまり商業臭がする分野で、太郎は持ち味を発揮できた。しかし美術家としてはものたりない印象がある。太郎のそのＢ級っぽさも、ＡＤＨＤ特性を感じさせている。Ｂ級がＡＤＨＤなら、Ａ級は定型発達だからだ。

　太郎は『今日の芸術』で「Ｂ級美学宣言」とでも呼ぶべきものを掲げている。

　今日の芸術は、
　うまくあってはいけない。
　きれいであってはならない。
　ここちよくあってはならない。

（岡本 2011a: 100）

この理念を反映して太郎の作品はＢ級的なわけだけれども、それは別の言い方をすれば、マンガ的なニュアンスを帯びているということになる。マンガを「うまい」「きれい」「ここちよい」と感じる人は多いかもしれないが、マンガというジャンルは少なくとも伝統的な美術的感性からは黙殺されてきた美的要素によって構成されている。その点で太郎の作品世界と親和性がある。

放射状の関心

太郎のＡＤＨＤ的な印象は、放射状にやりたいことが増えていく点にもある。太郎は一八歳のときから一〇年間、フランスに滞在した。ピカソの作品に深甚《しんじん》な衝撃を受けつつも、「ただの絵描き」にはなりたくないと考えて、ドイツの哲学者イマヌエル・カントの難解で知られる『純粋理性批判』に関する講義を聞きながら、「燃えあがるほどうれしかった」という（梅棹 1978: 27）。その後、太郎は文化人類学に接近するようになった。

太郎が文化人類学に惹かれたのは、さまざまな民族が生みだした制作物に「宇宙的な存在感」を認めたからだった。南方熊楠といい、与謝野晶子といい、宮沢賢治といい、発達障害の特性が強い人々は宇宙に憧れることが多い。太郎は、パリにできたばかりの民俗誌博物館に通いつめる。

> 世界中のあらゆる地域から集められてくる、想像を超えた人間の生き方の多様性、その凄み。／絵とか芸術などという分化された価値観を根底から引っくり返す、宇宙的な存在感だ。それは、俗に言われる現代先進社会の虚飾の空しさを超えた、極めて直接的な充実をつきつける。私は逆に強烈に見かえされるような戦慄をおぼえるのだった。（岡本 2018: 31）

つまり太郎は文明化の粋をきわめたパリの空気を吸いながら、それとは対照的な土着的で原始的な異文化から芸術のための活力を汲みあげようとしたのだった。ただし、それは太郎の独創とは言えない。なにしろ太郎を徹底的に魅了したピカソが、そもそもアフリカの土着の芸術を研究することによって、最先端の美術様式キュビズムを創出していたからだ。この点で、太郎の生き様もまた「B級的」な面を備えていたと言えるかもしれない。

縄文時代のADHD

一九四〇年、一〇年ぶりに日本に帰国した太郎は、戦争の時代を経て一九五一年、東京国立博物館で縄文火焔型土器と出あう。西洋文化との格闘を通じて、西洋文化に伍《ご》しうる東洋の文化的魅力を発見していこうとする営為は、南方熊楠の英文論考にも通じるものがある。熊楠が日本のみならず東アジアの文化に通暁していたのに対して、太郎がもっぱら日本にばかり意識を寄せたのは、伝統的な中国文化がまだ身近にあった時代を生きた明治的人間と、もはやそうではなくなった時代を生きた昭和的人間の差だろう。

いずれにしても、太郎は熊楠に似て反権威かつ反主流の道を自覚的に選びとる。一九五二年に発表した評論「四次元との対話　縄文土器論」で、縄文土器のエクフラシス（美術品の言語的再現）に挑戦している。その視覚的描写から太郎の文章の迫力が噴きだしてくる。

縄文土器の最も大きな特徴である隆線紋《りゅうせんもん》は、激しく、純く、縦横に奔放に躍動し展開する。その線をたどって行くと、もつれては解け、渾沌に沈み、忽然と現れ、あらゆるアクシデントをくぐり抜けて、無限に回帰し逃れて行く。弥生《やよい》式土器の紋様が穏かな均衡の中におさまっているのに対して、明らかにこれは移動する民族のアヴァンチュール

> である。／更に、異様な衝撃を感じさせるのはその形態全体の到底信じることも出来ないようなアシンメトリーである。それは破調であり、ダイナミスムである。その表情は常に限界を突き破る。一つのアシンメトリックな面を起点として、観賞者は必然的に土器の周囲をまわって見なければ済まない衝動を感じはじめる。ところで視点の移動につれて、何という想像を絶したイメージが繰り展《ひろ》げられるであろうか。／――そびえ立つような隆起がある。鈍く、肉太に走る隆線紋をたどりながら視線を移して行くと、それがぎりぎりっと舞上り渦巻く。突然降下し、右左にぬくぬく二度三度くねり、更に垂直に落下する。途端に、まるで思いもかけぬ角度で上向き、異様な弧を描きながら這い昇る。不均衡に高々と面をえぐり切り込んで、また平然ともとのコースに戻る。(岡本 2011c: 21–22)

筆者は太郎の書きぶりから、ぐわんぐわんと暴発しそうなＡＤＨＤ的な多動性や衝動性がねっとりと周到に文章化されているさまを感じる。おそらく縄文時代の日本人は、現代人よりもっとＡＤＨＤ的で、その世界観を縄文土器に圧縮したのではないか。そして、そのような産物だからこそ、太郎は縄文土器に心底から共鳴したのではないか。縄文土器のように迫力にあふれた作品を作ろうとする意欲は、「太陽の塔」や壁画「明日の神話」（一九六九年に完成するも、当時未公開）といった太郎の実作に如実に具現化されていった。

なお「土偶女子」として土偶の魅力を発信しているライターの譽田《こんだ》亜紀子は「太陽の塔」は土偶だと論じていて（譽田 2018: 44–46）、それに筆者はとくに反対しようと思わないが、より直接的には、「太陽の塔」は太郎にとって、やはり巨人の形態を取った縄文土器でもあっただろう。他方、「太陽の塔」の内装について、文化人類学者の吉田憲司《けんじ》は、太陽の塔の内部には生命の樹がそそり立っていて、アメーバのような単細胞生物から三葉虫や恐竜の時代を経て、哺乳類、そして人類へと生物の進化の流れが表現されていると解説する（吉田 2018: 14–15）。「太陽の塔」は縄文土器にして土偶、生命の樹にして生物進化の系統図ということになる。そこには横溢《おういつ》する生命の座が屹立《きつりつ》している。

芸術は爆発だ！——爆発の論理（一）

太郎が、テレビ・コマーシャルでカッと眼を見開きながら、「芸術は爆発だ！」と叫ぶさまは、80年代当時の識者たちからずいぶん失笑を買ったらしい。その「爆発」の論理こそ、太郎にとって探究する美学の核心に位置するものだった。正と反が相剋して合へと昇華されるという伝統的な「弁証法」の発想は、昇華に至らないものが求められるべきものと主張され、それが芸術的感動の瞬間として説明される。

> 私自身の生命的実感として、いま、なまなましく引き裂かれながら生きている。「正」の内にまた相対立する「反」が共存しており、激しく相克する。「反」の内にまた闘争する「正」がゆるぎなくある。その矛盾した両極が互いに激烈に挑みあい、反撥する。人間存在はこの引き裂かれたままの運命を背負っている。ヘーゲルのように理論を前提としたものではなく、この永遠の矛盾に引き裂かれてあることの方がはるかに現実的な弁証法。弁証法は正・反・合の歴史的時間ではない。対極は、瞬間だ。（岡本 2011a: 510）

あるいはここには、西洋の伝統を東洋の芸術家が換骨奪胎《かんこつだったい》するという、一種の東西対決が起こっていたのだろうか。この「爆発」の論理にしたがったとき、晩年のピカソの作品は失望を誘うものだった。展覧会を見て太郎は語る。

> 老ピカソには既にドラマはない。彼の芸術の弁証法は止揚されたまま停止し対極の相剋

は解消された。つまり彼の裡《うち》には既に反ピカソがないということである。我々が対極的立場をとって、アンチ・ピカソを決意し、彼をのり超えて行かなければ、芸術の輝かしい伝統は決して前進しないのである。（岡本 2011b: 476）

この展覧会を見て、しかし私のピカソ観は根本的には変らなかった。ここには総《すべ》て許されている天才的芸術の絢爛《けんらん》さ、そして凄みはあるが、確かに彼は芸術の上でもう闘ってはいないし、新しい世代に対しての問題性をはらんでいるとは思えないのである。（岡本 2011b: 520）

瞬間的爆発の美学を奉じる太郎にとって、晩年のピカソは戦いをやめた芸術家に見えた。かつてピカソに絶大な影響を受けたからこそ、太郎には老いたピカソが残念に見えたようだ。

芸術は爆発か？――爆発の論理（二）

一時期の活況を抜けて穏当な文化を享受する現在の京都は、太郎によって「気合」が抜けた街として語られる。その見解を聞いてみよう。

日本で一番先に市内電車を敷いたのは、京都だった。インクライン、明治時代にしばしば開催された博覧会、友禅《ゆうぜん》や西陣の積極的な技術改革。明治初期の京都には、ひどくいきいきした、進取的な機運があったのだ。それがいつ頃から、気合が抜けちゃったんだろう。いったい今日でも、潜在力として働いているのだろうか。／時代、文化の環境はどんどん移り変って行くのに、眺めわたす都の周囲は、何百年たっても、少しも変っていない。飽きる飽きないにかかわらず、いつでも眺める同じ山の色、形。ここはまったく昔の夢に封印された世界だ。／「古都の魔術」はわれわれ旅行者じゃなくて、この町の人たちをチッソクさせている。彼らこそ解きはなたれなければならないのだ。（岡本 2011c: 316)

これは別の言い方をすれば、京都は「爆発」の時代を後にしてしまい、老ピカソと同じような芸術的貧困に陥っているということだろう。

それにしても、太郎の瞬間的爆発の美学は、どのくらい実質的価値を持っているのか。そもそも太郎の作品は、ほんとうにそんなに爆発的なものか。筆者には晩年のピカソの作品ですら、太郎のほとんどの作品より爆発的なものと感じられる。太郎の爆発の論理がもっともうさんくさくなるのは、原爆に対する感慨を語るときだ。その語り口には、原爆が大量破壊兵器として持たざるを得ない邪悪さと、原子力エネルギーの巨大さやキノコ雲の独特の造形美への魅惑が混ぜこまれている。

> 誇らしい、猛烈なエネルギーの爆発。夢幻のような美しさ。だがその時、逆に、同じ力でその直下に、不幸と屈辱が真黒くえぐられた。／誇りと悲惨の極限的表情だ。／あの瞬間は、象徴としてわれわれの肉体のうちにヤキツイている。過去の事件としてではなく、純粋に、激しく、あの瞬間はわれわれの中に爆発しつづけている。瞬間が爆発しているのである。／原爆が美しく、残酷なら、それに対応し、のりこえて新たに切りひらく運命、そのエネルギーはそれだけ猛烈で、新鮮でなければならない。でなければ原爆はただ災難だった、落されっぱなし、ということになってしまう。／その点でわれわれ日本人は広島を直視しなければならないのだ。現実はどうなっているだろうか。古傷も、美しい痕《あと》と、醜くとじたのがある。（岡本 2011a: 476–477）

キノコ雲は「猛烈なエネルギーの爆発」の具現化したものだからということで、「夢幻のような美しさ」を見せていると肯定される。キノコ雲の下には地獄が広がっていたにせよ、それゆえに「のりこえて新たに切りひらく運命、そのエネルギーはそれだけ猛烈で、新鮮でなければならない」と主張される。被爆国に生きる日本人はその「爆発」を抱きしめて生きるべきだと、新しい「爆発」に向かわなければならないと考える。

> 傷害を受けた人だけが被爆者なのだろうか。この原爆の事実から、われわれの運命の大きな部分が出発している。つまりわれわれ自身が被爆者なのだ。それなのに、他人事のようにケロッとして見物側にまわっている。／キノコ雲も見なかったし、火傷もしなかった、そして現在、生活をたくましくうち出し、新しい日本の現実を作りあげる情熱と力をもった日本人、その生きる意志の中にこそ、あの瞬間が爆発しつづけなければならないのだ。（岡本 2011a: 481–482）

きのこ雲の美しさ。破壊力の圧倒的印象。太郎はそこに肯定的なものを見ようとする。しかし、それはやってはいけないことだと筆者は思う。ここには、実際に被爆したこともなく、生まれながらに親の資力にくるまれて育つことができ、己の美術的才能を開花させるべく専念できた太郎の、鼻持ちならない傲慢さが剥《む》きだしにされている。とはいえ、と筆者は思いもする。このような太郎の鼻持ちならない点は、ＡＤＨＤ者たちが年がら年中やっている粗相な発言と根っこを同じくするものではないかと。またその異様な「こだわり」には自閉スペクトラム症の特性も感じられ、それが人に理解されにくいかたちで露出してしまったということではないかと。

「本土が沖縄に復帰するのだ」——爆発の論理（三）

太郎が南洋の方角に向かって島嶼《とうしょ》部を連ねる沖縄に惹かれたのは、まったく意外性のないことだろう。沖縄では太陽の光や、海の煌《きら》めきや、豊穣《ほうじょう》な生物群がさわやかに「爆発」しているからだ。沖縄がアメリカから本土復帰するのを歓迎しつつ、太郎はそこに日本の現実を改新するための起爆剤を期待する。

日本人は日本を本土の内側に、一定の限界としてしか捉えていない。われわれのまわりには、幅ひろくひろがる碧色に輝いた海があり、そこには充実した島々が無数につらなって、とり囲んでいる。それを肉体として摑《つか》みとっていない。日本という抽象的な観念、

> 固まった意識からぬけ出し、かつて祖先が全身に受けとめていた太陽の輝きと、南から北からの風の匂い、その充実した気配を血の中にとりもどさなければならない。（岡本 2011d: 24–25）

> 私は文化のポイントにおいては、本土がむしろ「沖縄なみ」になるべきだ、と言いたい。沖縄の自然と人間、この本土とは異質な、純粋な世界とのぶつかりあいを、一つのショックとしてつかみ取る。それは日本人として、人間として、何がほんとうの生きがいであるかをつきつけてくる根源的な問いでもあるのだ。とざされた日本からひらかれた日本へ。／だから沖縄の人に強烈に言いたい。沖縄が本土に復帰するなんて、考えるな。本土が沖縄に復帰するのだ、と思うべきである。そのような人間的プライド、文化的自負をもってほしい。（岡本 2011d: 204）

「沖縄が本土に復帰するなんて、考えるな。本土が沖縄に復帰するのだ、と思うべきである」と太郎は言うが、太郎の語り口にはいつもじぶんが悩んできた「日本対西洋」という図式の突破口として何がふさわしいかという固有の問題意識の優先がある。それもまた筆者自身や筆者のＡＤＨＤ仲間が持っている自己中心的な印象を与える一面と同じものなのではないだろうか。ＡＤＨＤ者は関心を多方面に放射するために、自閉スペクトラム症者とはまた違ったかたちで、強力な自己中心的雰囲気をまとって見える。

理想的「ＡＤＨ者」

先にも述べたように、太郎の芸能人的活動は揶揄《やゆ》の対象になった。しかしこの問題に関して、太郎のパートナー・敏子の甥で「空間メディアプロデューサー」という肩書を名乗る平野暁臣《あきおみ》はつぎのように弁護している。

> 太郎を〝新種のタレント〟としてあつかいたいテレビのつくり手たちは、奇抜な言動やおもしろい反応を期待して、番組をつくりました。バラエティ番組で芸人にいじられたり、おもしろおかしくマネされたり……。／「芸術はバクハツだ！」／眼をむいて叫ぶシーンが、まるで流行りのギャグのようにくり返し放映され、やがて太郎は〝ちょっとオカシイ芸術家〟〝奇人変人〟という色眼鏡で見られるようになります。しかし世間の評判などまったく気にしない太郎は、テレビに顔をさらしつづけました。（平野

2018: 124-125)

このような記述を読むと、筆者は太郎に率直に尊敬の念を禁じえない。発達界隈には太郎と同じような奇人変人がたくさんいるが（筆者自身を含む）、その人たちの多くは相手に向かって、ギロッと睨みつけながら対峙しようとすることはない。周囲とさまざまにぶつかってきた経験から傷つき、なんとかして無用にぶつからないようにと心を砕きながら、世間から隠れるように生きていることが多い。思うにそのように心が折れているということは、それ自体では必ずしも「障害」を発生させないＡＤＨＤ的特性が、実質的な障害として当事者の前に超えられない壁を立ちあげてきたということだ。太郎の場合には、その壁を乗りこえていく運と環境と底力に恵まれて、障害（ＡＤＨＤのうちDisorderのＤ）のない理想的ＡＤＨ者としてその人生を歩んでいけたのだと思う。

真冬に生まれた魂の夏男

太郎が好きな季節についての言説を読んだ記憶がないのだが、推測で言えば、やはり夏がとくに好きだったのだろう。ぎらりと輝く太陽、澄んだ青空を背景としたもくもくの入道雲、星が瞬くかのような紺碧《こんぺき》の海の煌めき、緑の山ではさまざまな生き物が活発に動き、街中では人々が快活にはしゃぐ。日本全国が沖縄に近づき、縄文時代に近づく。

夏場に元気いっぱいになる印象の男性を俗に「夏男」と呼ぶが、太郎はその意味で「魂の夏男」と言って良い存在だ。そこで思うのだけれど、太郎はきっとじぶんの誕生日が真冬の二月二六日だということに対して、なんとなく恥ずかしさのようなものを感じていたのではないか。なぜなら、筆者はなんだかんだと文句を言いながらも、爆発的瞬間を重視する太郎の美学に惹かれてしまう者だが、まさに右に書いたようなイメージで夏をこよなく愛しつつ、誕生日が太郎と同じ二月二六日なのだ。この誕生日が位置する極寒の季節はまるで好みじゃないな、と筆者は毎年のように冬季鬱に苦しみながら、唸《うな》っている。たまにはそんな瑣末《さまつ》なことに思いを馳せながら、暑い夏の日にきんきんに冷えたビールを飲むのも乙なものではないか。

第6章 他者インストール感

石牟礼道子

1927～2018年

石《いし》牟《む》礼《れ》道《みち》子《こ》

一九二七年、熊本県天草に生まれるが、すぐに八代海《やつしろかい》を挟んで対岸にある熊本県水俣《みなまた》に移り、同地で育つ。結婚して主婦になったあと、文学活動を始め、水俣に広がっていた「奇病」の存在に衝撃を受け、これに取材した記録文学を発表するようになる。それらの記録をまとめた『苦《く》海《がい》浄《じょう》土《ど》――わが水俣病』は第一回大宅壮一ノンフィクション賞と熊日文学賞に選ばれたものの、道子は苦しんでいる患者のことを思えば、じぶんだけが栄誉を受けるわけにはいかないと説明し、いずれも受賞を辞退した。小説家の池澤夏樹は同作を「現代世界の十大小説」のひとつに選び、新しい世界文学全集として編纂した『池澤夏樹＝個人編集　世界文学全集』に（日本人作家の作品としては唯一）同作を収録した。道子は二〇一八年、パーキンソン病によって九〇歳で亡くなった。

「奇病」から「公害」までの道

水俣《みなまた》病のことは、なんとなく知っているだけで、正確な知識を持ちあわせていなかった。だから筆者は、熊本県にある水俣市立水俣病資料館を訪れてみることにした。ＪＲ新水俣駅で電車を降り、バスに乗りこんで資料館に向かうさなか、街中で眼に入ってくる「水俣」の文字がおどろおどろしく感じられたことが忘れられない。つまり筆者には水俣に関して、「毒によって汚染された街」という固定観念があったのだ。資料館に行くまで、水俣の街と水俣病の歴史の詳細も知らず、「安全宣言」が出されて四半世紀が経っていることも知らなかった。資料館に滞在した時間は数時間でしかないのに、そこを出て街中に戻るバスから見えた街中の「水俣」という文字は、もはやまがまがしさを失っていた。

　資料館で学んだことを、少し紹介しておこう。水俣湾から広がる八代海《やつしろかい》は、海上に出現する不知火《しらぬい》（蜃気楼となって海上に浮かぶ炎の影）から不知火海とも呼ばれる。この海はかつて「魚《いお》わく海」と呼ばれ、タイ、タチウオ、ガラカブ、イワシ、ボラ、タコ、イカなどが豊富に獲れた。一九〇八年、化学工業メーカー・チッソの水俣工場が誕生し、水俣はいわゆる企業城下町として発展の道を歩みはじめた。ピーク時には、水俣市の税収の半分がチッソに由来し、チッソ関連用地は市街地の約四分の一に達したという。

やがて、不漁の原因がチッソの工業廃水にあるのではないかという疑問が出されるようになり、何度も漁協とチッソ側で折衝《せっしょう》が成された。プラスチックなど化学製品の原料のひとつになるアセトアルデヒドの製造が開始され、生産過程で発生するメチル水銀が排水に混じるようになって、事態は深刻化した。一九五三年、水俣湾に死んだ魚が浮かぶようになり、猫が狂死したり、空からカラスが落ちてきたりする怪現象も漁民の話題になったが、メチル水銀に汚染されても、魚介類の風味は変わらないため、事態の深刻さはすぐには気づかれなかった。一九五六年に水俣病が「奇病」として公式確認されたものの、「公害」の概念は存在する以前の時代だったので、伝染病、風土病、遺伝病などと誤解され、社会的偏見が高まった。

そのうちに「奇病」の原因は工業廃水のメチル水銀が原因だと突きとめられたが、チッソはなかなか認めなかった。「漁民騒動」が勃発して、行政が斡旋《あっせん》したが、行政側はチッソを水俣にとって不可欠な企業と判断し、また同様に考える住民も多く、地域社会が分断された。一九六〇年代後半から日本各地で「公害裁判」が始まり、チッソから水俣病患者への手厚い補償が決定した。二〇二一年一〇月までに水俣病の患者として認定された者は二九九九名、うち死亡者は二六〇二名にのぼったという。汚染された水域は埋立《うめたて》によって浄化が進められ、現在の八代海は安全な海に戻っている。

村から宇宙を夢想する

スウェーデンの環境運動家グレタ・トゥーンベリは自閉スペクトラム症と診断された事実を公表している。主義主張の左右を問わず、急進的な思想を持つ人が自閉スペクトラム症の当事者だという例は珍しくない。石牟礼道子の言動にも、それに通じる直情的な面がしばしば見られると筆者は考える。

道子は小学二年生の終わり頃、山を売っていた祖父が事業に失敗し、栄町《さかえまち》の自宅が差しおさえられて、水俣川河口の荒神《こうじん》、通称「とんとん村」に引っ越したと語っている。道子が単語を列挙する時、それがどこまで自閉スペクトラム症者の列挙癖に通底しているのか、筆者にはわからない。自伝『葭《よし》の渚』で道子は書いている。

アサリ、ハマグリ、白貝、さくら貝、ぶう貝、ツノ貝、イノメ貝、バカ貝、ニガニシ、真珠貝、宝貝、カキ、緋扇《ひおうぎ》貝、ヨメガサラ、サザエ、スガイ、シリダカ、ネコ貝、コガネエビス、ウノアシガイ、ホーゼ、アワビ、タイラギ、鬼《おん》の爪、マテ貝、カニのたぐい、エビ、形も色も大きさも味もそれぞれちがう海のものをとる楽しさを何にたとえよう。／渚の豊穣さに目ざめたわたしは、「無限」という意味を納得し、渚の一員に自分が組み入れられている意味を全身に感じていた。干潟に立つと足下からも背後からも、生き物たちの呟《つぶや》き声や動く気配がみしみしみしと立ちこめていた。（石牟礼 2014: 149–150）

しかし、このような列挙を見るとき、筆者は与謝野晶子の「五月禮讃」に見たのと同じ自閉スペクトラム症の特性を連想せずにいられない。

海の無限に目覚めた道子は二九歳のとき、水俣病が公的に確認された一九五六年から、詩を発表するようになった。一九五八年の「川祭り」で彼女は宇宙感覚を見せている。

宇宙世紀　はじまる
にっぽん　ひご　みなまた
ここはわたしの〈とんとん村〉

（石牟礼 2020: 41）

日本の肥後（熊本県）の水俣市にある「とんとん村」から道子は宇宙を思う。ここからも、与謝野晶子や、あるいは宮沢賢治や岡本太郎に通じる世界観が見てとれるだろう。

石にこだわり

独特の「こだわり」は自閉スペクトラム症者の特性として顕著なものだが、道子はほかでは「石」へのこだわりが大きかったらしい。道子の祖父、吉田松太郎は神社の鳥居などを作る石工の棟梁《とうりょう》だった。道子は石牟礼弘《ひろし》との結婚が決まったとき、なにより「よかペンネームができた」と思った、という逸話を米本浩二が報告している。

> 〝石〟が牟礼（群れ）るという呪術的なイメージが好ましかった、とも語っている。谷川雁《がん》らの『サークル村』では「石道子」というペンネームを使った。中年期以降、「石橋」など〝石〟がらみの展覧会があると必ず観に行った。鹿児島に近い水俣の高原には石飛《いしとび》という集落があり、道子の盟友ともいうべき赤崎覚《あかさきさとる》が晩年隠棲《いんせい》した。道子も石飛への移住を一時試みている。（米本 2017: 23）

じつにほほえましい自閉スペクトラム症的エピソードと言って良いだろう。宮沢賢治も石に対して強いこだわりがあった。

作家なのに本が読めない

ところで難しい日本語を問題なく読むことができ、じぶんでもそのような日本語を書ける道子が、じつは読書を苦手にしていたという事実は、筆者のＡＤＨＤ仲間にもよく見られる現象なので、筆者としてはますます道子に対して親近感を覚える。

> 石牟礼さんはどんな分野の本もこだわりなく手にとり、興味津々《しんしん》という感じで丹念に文章を追うのだが、一頁も終わらないうち、集中力が切れるのを常としていた。飽きる、と言い換えても良い。あてどない沖の不知火のように、興味は別のものへとあっさり移っていく。本に向かっていたはずが、本人も知らぬまに針仕事に没頭——というようなことがよくある。（米本 2018: 17）

ＡＤＨＤと言えばトンチンカンな失敗をすることもそうだが、道子が語る『苦海浄土』のゲラ作業に関する逸話は冴えている。講談社から『苦海浄土』の校正刷りが送られてきた際、道子は字句のまちがいを訂正して返すべきと知らなかった。「こうして本になりよる」という「お知らせ」のようなものかと感心して、ほったらかしにしていた。すると半年ほど経ってから、担当編集者の上野秀信が不思議に思って、水俣までやってきた。そして校正が手つかずのままなのに愕然としたという（石牟礼 2008: 159–160）。

とめどなくあふれる言語

豊穣な生命感を謳歌する点で、道子が岡本太郎に似ていると感じられるときは多い。「まず言葉から壊れた」と題するインタビューで道子が語る内容は、あふれだす言語を使って、「生命の樹」を私たちの前に立ちあげようとするかのようで、太郎が縄文土器に対してやったのと同じ視覚的言語様態をぞんぶんに披露している。

> 川というのは生命の源だと思います。海もそうですね。水俣病を体験したことも理由ですが、海と川というのは切っても切れない関係で、山もまたそう。生命の根源というのを考えるときに、みんなが観念ではなくて、生理感覚として考えることができないのか

しらっていつも考えています。／あの川の谷底に連れて行かれたとき、なんて言いますかね、こう、一種生命の爆発現象というか（笑）。「ここに来たかった！」っていうか、なんていうか、飛び込んで、「ワーイ！」って、そんな子いますね。そのときですね、ふっと見上げると百合の花なんかがこう崖からね、咲いてる。／空に浮き出ている百合の花っていうのは宇宙を表している。宇宙とすべての生命が呼吸してるみたいだし、私とも呼吸してるみたいだし、花々は山に根づいてます。渓谷のへりの崖っぷちの、湿気の多いところには羊歯《しだ》なんかも密生していて、苔もふんわりふんわりしてますでしょ。生命の湿原に飛び込んだ感じで。水の中の岩蔭には海老はおりますし、岩の苔は花がびっしり咲いてる。苔の小さな花が群生してる。／吸い寄せられるような感じと解放される感じが同時にいたしましてね。「私のいるところはここ！」っていう強烈な体験。もう嬉しくて、なんかこう、すーっと生き返った。その生き返る感じっていうのは、一代二代で生き返るっていうんじゃなくて、生命の根源のところまで一挙に連れて行かれる感じ。それを書きたいんですけどなかなか。それで何にいちばん近いかっていうと魚にいちばん近い。「私は魚」っていう感じがする。／水俣の患者さんとお付き合いしてきて最近思うようになりましたが、あの人たちを見るともっとそんな感じがしますね。患

> 者さんで病人さんですけど、あの人たちと話してるとすごいなって思うのは、私よりも活きのいい魚って気がする。「ここに死なない魚がいる」って感じがしますね。ほんとに元気が出ますね。あの人たちはみんな重態ですが、そんな原初的な感覚を持っている。しかもその原初的っていうのは非常に望ましい。叡智《えいち》ってのはほんとにこんなところにあるんだなって思いますね。（石牟礼 2013: 618–619）

「宇宙とすべての生命が呼吸してるみたいだし、私とも呼吸してるみたいだし」、「『私のいるところはここ！』っていう強烈な体験」は、「『私は魚』っていう感じがする」と展開され、「水俣の患者さん」は「もっとそんな感じがします」と大胆に敷衍《ふえん》される。しかも彼らは身体的には健康的ではなく、「みんな重態ですが、そんな原初的な感覚を持っている」と主張される。このような強烈な自然への信頼感に、人間の世界からはぐれかけつつ生きる自閉スペクトラム症の特性と、うずうずと暴れだしたくなる思いを文章に封じこめようとするＡＤＨＤ的特性を筆者は見てとる。

花ひらく方言

筆者にとって、『苦海浄土』は特別に魅惑的な著作というわけではない。与謝野晶子の章で書いたように、自閉スペクトラム症者は口頭での対人交流よりも創作物をつうじた言語習得を志向する。そこで、方言の横溢する言語空間や方言を用いた文学作品に苦手を感じる傾向があると思う。筆者もその例に漏れない。

では、なぜ道子自身は、方言の氾濫する作品を構築したのだろうか。筆者は道子に、方言に対する「こだわり」があったのではないかと推測している。というのも、道子にとって方言が使用される空間は海中で海草が花ひらくような印象を与えるものだったらしいのだ。

> 私は日本近代を考えますときに〝言葉〟について考えます。日本近代は非常に階層をはっきり作ったんですが、その中に日常の言葉の分離の問題があります。沖縄では戦時中は方言を使わない、使うと罰に方言札というのをかけることがありました。沖縄の方は中央の言葉を一生懸命覚えて、自分達だけになると、海の中の海草が広がって花開くように地域の言葉に返られるのです。水俣もそうですし、日本の地方はどこでもそうじゃないかと思います。身内の言葉、地域の言葉、方言というのはよく聞いていると大和《やまと》こ

> とばの古語が残っています。そういう日本の古い言葉を言葉の文化として日常生活の中で使いこなしてきたのが、方言だと思うんです。それがいかに豊かな世界であるか、私は何とかこれを詩のことばにして復活させたい。言葉の命を、「ことだま」を入れ直すということを現代語の中でできないかしらと思っているんです。標準語だけではどうしても言い表せないニュアンス、全身的な感覚、日本人の感性。地域の人達のあの豊かな表現は何だろうといつも思います。（石牟礼 2008: 486）

海のなかの言葉としての方言を詩として定着することが道子の野心だった。おもしろいのは、道子が「こだわり」によって豊穣な方言を選んだのに対して、筆者を含めて多くの自閉スペクトラム症者は、創作物にあふれる標準語に対する「こだわり」ゆえに、道子が盛りこんだ豊穣な方言を理解する回路が弱いということだ。

他者の語りを取りこむ＝じぶんの人格を重層化する

一九六〇年、道子は水俣病に取材した「ゆき女きき書《がき》」を発表し、それが主著『苦海浄土』（一九六九年）の出発点になった。同作は水俣病に関わった人々への聞き書きのように見えるが、道子の精神的同伴者だった渡辺京二が解説するように、実際には道子は「自分の見たわずかの事実から自由に幻想をふくらませたもの」として同作を構成した（渡辺 1972: 310）。「一般に考えられているように、患者たちが実際に語ったことをもとにして、それに文飾なりアクセントなりをほどこして文章化するという、いわゆる聞き書きの手法で書かれた作品ではない」と渡辺は断っている（渡辺 1972: 311）。この「患者の言い表していない思いを言葉として書く」（渡辺 1972: 311）という技法に、筆者は道子のＡＤＨＤ的特性をもっとも濃厚に読みとる。というのもＡＤＨＤ者はしばしば、巫女《みこ》の口寄せ（降霊憑依《ひょうい》の術）のようにして、別人格をダウンロードすることを得意とするからだ。関心が多方面に向かって放射状に溢れだしていくというＡＤＨＤ者の体験世界が、常識的なレベルを超えて、さまざまな人々の心の動きにリンクしていく動きを実現する。

　道子自身は「水俣病の皆さんの家を一軒一軒訪ねて、聞き書きして回っていたわけではなかった。当時、主婦であった私が患者さん宅を回って帳面を出して聞き書きなどしていれば、患者さんたちは不信に思われただろうし、村でも評判になっていたことだろう」（石牟礼：2014: 380）と弁明している。かんたんに憑依できてしまうという人格の不安定さから、道子に自閉スペクトラム症の特性を読みこむことも不可能ではないかもしれない。文学研究者の田中優子によると、道子の人格は五つの局面によって重層的に構築されていたという。日本の「家」制度に拘束されたふつうの女性としての道子１と、自身を「非人」「隠亡《おんぼう》さん」「淫売」などの被差別者になぞらえることを好む道子２、山や海の生物と共生する道子３、精霊と交歓する前近代的な道子４、彼岸ないし宇宙の秩序に生きる道子５だ（田中 2020: 20–24)。

筆者はこの見立てにまったく賛成している。この重層性ゆえに、道子はさまざまな人や生き物や自然環境にみずからを接続し、さまざまな性質をじぶん自身にダウンロードし、インストールして、執筆活動に応用していたのではないか。

彼岸への接続

そうやって道子は詩を介して死者の世界にも結ばれる。道子の詩は、超人間的な世界の映像を受信して、人間界の言葉へと翻訳されたかのような印象を与える。その点で道子は宮沢賢治の精神的な双子だ。一九七四年に発表された「燈籠《とうろう》」で、道子は詠う。

足下に浮かびあがる

川のごときを越えようとして
ふり返ると
かなたの天から

しゃらん

しゃらん　と
錫杖《しゃくじょう》を打つ音がかすかに
きこえます

川は
その音のひびくたび
あえかな虹を吐血する
竜のようにもみえていましたが

あやめもわかぬ中空のあたりから
しろい朴《ほお》の花が
ひとひらづつ
放《はな》れおちる気配がして

うつつなくさしのぞけば
さだかならぬものたちの魂を灯して
かのまわり燈籠が

水の底を
降りてゆくようです

(石牟礼 2020: 172–174)

巫女の器となった道子は宇宙と一体化して死者をも呼びこもうとする。一九九四年に発表された「エントロピレーヌ神殿へ」で、道子は詠う。そこでは直接的に宮沢賢治の名前も書きしるされる。宇宙と死者の世界に到達するための魔法陣のようにして。

ところで人がおっしゃるには　死んだ者たちが本当に帰ってくるとしたら
あの世の人口は超過密でしょう　どうなりますか　そんなこと信じているのですか
心の中でわたしは即答した
信じています　数えています　衰《おとろ》えたりとはいえ　わが星をとり巻く樹々や草の数
その一本一茎《ひともとひとくき》に宿った光を数えます
魂たちよ宇宙の微塵《みじん》　これを数える
一生かけても足りません　暮らし向きなどかまってなんかいられない　八千万億那由陀《はっせんまんのくなゆた》
劫《こう》とおっしゃったお釈迦さま　いやいやそんな尊い方でなくとも何億光年とやらをはじき出したヒトもいて　その上われらの賢治は書き残しておいて下さいました
「かがやく宇宙の微塵になって散らばろう」
魂天文学の完成です
かの海底《うなぞこ》の目のない魚を一匹連れ　半分めくらのわたしがゆく
五月　エントロピレーヌ神殿へ

（石牟礼 2020: 314–315）

こうして道子は、人間の世界を超え、生者の世界を超える言葉を手中にした。

「わが」「まま」に生きる

筆者にとって、思想的なことで言えば、道子の著作以上に心に食いこんできたのが、緒方《おがた》正人《まさと》が水俣病に関する見解を表明した『チッソは私であった』（二〇〇一年）だった。緒方は水俣湾の漁師だったが、水俣病の訴訟から離脱してしまい、独特の境地に立っていることを同書で示した。緒方は狂気に陥って、「宇宙空間」の変形を感じた。

> 自分が狂っていると感じ始めたときは、グワーッと一つの餅がねじれて二つに千切れるような、宇宙空間がバギッとねじれて千切れ、はじけるような、そういう感じですよね。
> (緒方 2001: 173)

この狂気によって、もとは定型発達者だった緒方が自閉スペクトラム症的な特性を帯びた、ということはないだろうか。あるいは自閉スペクトラム症の特性がもともと備わっていた緒方が、狂気のなかでそれを剥きだしにするようになった、ということはないだろうか。

いずれにしても、『チッソは私であった』のなかで、自閉スペクトラム症的特性のひとつと言える異様なほどの直情さを見せている。その様式を保持しながら、緒方は被害と加害の彼岸に向かって突きすすむ。結論として緒方は、近代文明の生活を享受してきたじぶんたちは、むしろチッソと対立する側にいるのではなく、チッソの側にいるのではないかと考えるようになったと語る。

この四十年の暮らしの中で、私自身が車を買い求め、運転するようになり、家にはテレビがあり、冷蔵庫があり、そして仕事ではプラスチックの船に乗っているわけです。いわばチッソのような化学工場が作った材料で作られたモノが、家の中にもたくさんあるわけです。水道のパイプに使われている塩化ビニールの大半は、当時チッソが作っていました。最近では液晶にしてもそうですけれども、私たちはまさに今、チッソ的な社会の中にいると思うんです。ですから、水俣病事件に限定すればチッソという会社に責任がありますけれども、時代の中ではすでに私たちも「もう一人のチッソ」なのです。「近代化」とか「豊かさ」を求めたこの社会は、私たち自身ではなかったのか。自らの呪縛を解き、そこからいかに脱して行くのかということが、大きな問いとしてあるよう

に思います。（緒方 2001: 49）

緒方の考えでは、人間存在は「チッソ化」とでも言うべき過程のなかに解体されてしまっている。人間は養殖場のイケスにいる魚と変わらない存在だ。

商品規格化サイズみたいなものは実は人間にも行われているわけです。保育園にあがる時からもう試験があって、小学校、中学校、高校、大学等と、受験制度の中に押し込められていって、この範囲からは出るなよ、という戸《と》板《いた》がはめられるみたいなところで、仕組みの中に人間が閉じ込められてきた。生徒だけでなく、そこの学校の先生たちもまた別の教育制度なり、世の中の価値観の中で、そういう仕組みの中に囚われているんじゃないかと私は思うんです。今、私たちはどの様な時代にいるのかという時に、私はその事を思います。制度社会・システム社会の中に人が囚われている。最初は魚《いを》も他の生き物も人間も天然物やった。ところが半養殖物になり養殖物になり、改造されたものになり、そして手が付けられてクローン云々が始まって。これは養殖場のイケスの中に人が居るようなもんなんです。（緒方 2001: 148）

筆者はひとりの自閉スペクトラム症者として、緒方のこのような透明度の高い語りに心から惹きつけられてしまう。

米本浩二によると、道子は緒方を「弟のような」存在だと見なしていたという（緒方 2020: 249）。さらに言えば、『チッソは私であった』を編纂したのは、道子の長年の同伴者・渡辺京二だった（緒方 2020: 254）。緒方は二〇一八年の道子の通夜に際して、米本に「道子さんはわがままだった。〃我が〃〃そのまま〃ということ。自分にウソをつかない。だから探究心がケタ違いなんです」（緒方 2020: 255）と語ったという。それは道子のことと同時に緒方の本質をも的確に指摘する評言だったのだろう。

第7章

金切り声感

1933年〜

オノ・ヨーコ

オノ・ヨーコ

一九三三年、東京府（現・東京都）で小野洋子として生まれた。実業家、研究者、歌舞伎役者、音楽家、官僚などが綺羅星のごとく親戚に散らばる血筋の娘だった。はじめ前衛音楽家の一柳《いちやなぎ》慧《とし》、ついで映像作家のアンソニー・コックスと結婚し、ジョン・レノンは三番目の夫。ヨーコもジョンも結婚相手がいる状況でダブル不倫によって結ばれた。ジョンはヨーコとのキャリアを選択し、それがビートルズ解散の一因になったため、ヨーコはビートルズを解散させた女として悪名を馳せることになった。ヨーコとジョンは音楽制作でのみならず、平和活動家としても共闘し、その方面でのシンボル的存在と見なされる。ジョンは一九八〇年、射殺される直前に受けたインタビューで、じぶんの人生で二度のすばらしい選択をしたこと、それはビートルズを始める上でポールを選んだことと、ビートルズを辞めてヨーコを選んだことだと語った。

ミニマルに閉じた世界

オノ・ヨーコの顔を思いうかべていただきたい。知らない方は、ちょっとインターネットで画像検索をしてみていただきたい。その顔つきは微笑んでいるような、いないような無表情に近い顔立ちではないだろうか。おそらく多くの人がその端整な、しかし口もとを柔らかく結んだ寡黙《かもく》そうな表情に謎めいた印象を受けるのではないだろうか。

筆者はヨーコの顔から、定型発達者に比べると表情が乏しい印象を与える自閉スペクトラム症者の仲間たちを連想してしまう。もっと無表情な写真が多い与謝野晶子にもどことなく似ていると感じてしまう。

ジョン・レノンとヨーコとのなれそめは、広く知られている。一九六六年、ロンドンで開催されたヨーコの個展にあるインスタレーションが含まれていて、床に脚立《きやたつ》が置いてあって、訪問者はそれを登る。天井からぶらさがっている虫眼鏡を使って、天井に小さく書いてある文字を読む。それは〈YES〉という短く単純な単語だ。ジョンはこの趣向に心を打たれた。

ジョンが魅せられたこの作品のコンセプトは、もちろんミニマル・アートとして筋が通ったものだけれども、見方によってはだいぶ自閉的だろう。ミニマル・アート（最小限芸術）は、主観的表現を排除した事物そのものの具体性を突きつける。小津安二郎の章で、人を物より重視しないことは自閉スペクトラム症の特性だということ、それゆえに小津はレイアウトの至上性を信奉していたということを述べたが、ヨーコにも同じような趣向があったのではないか。「自閉的」という言葉に面食らう人も、「自己満足的」と言いかえるならば、ヨーコの作品の形容として納得できる人は多いと思われる。「自己満足的」な印象を自閉スペクトラム症の人は周囲に与えがちだ。

ヨーコが創作活動の中心に置くようになった音楽に関しては、なおさらその傾向を指摘することができる。ヨーコとジョンが結成したユニットのプラスティック・オノ・バンドが『ジョンの魂』と対で出した一九七〇年の『ヨーコの心』を聴いてみよう。このアルバムは全編にわたってヨーコの金切り声や、喘ぎ声や、どもり声に彩られている。決まったリズムやメロディを反復するミニマルミュージックの要素が導入されている。ミニマルミュージックは永続する音楽的連続体の断片を聴いているような気がしてくる音楽ジャンルだから、広大なヨーコ的宇宙空間に放りこまれたような感覚になる。

ジョンが協力しつつも、ほとんどポップミュージックとしてではなく、アヴァンギャルド芸術として構築されているこのアルバムを、多くのビートルズ・ファンが嫌った。ヨーコとジョンの恋愛関係をビートルズ解散の元凶と考えるファンは多かったし、ジョン自身ものちにこのように語った。

彼女と会った瞬間に、昔からの仲間とは終わったんだ。そのときははっきり意識していなかったが、そういうことだった。彼女と出会ったときが、仲間集団の終わりだったんだ。ただ、たまたまその仲間というのが近所のバーにいるような連中ではなく、有名人だった。（シェフ 2020: 111）

ビートルズ・ファンをはじめとして、多くの人々がヨーコの言動に独りよがりで傲慢な人間性を読みこみ、彼女の作品にもそれが浸透していると考えた。一九八〇年にジョン・レノン&オノ・ヨーコの名義で出された『ダブル・ファンタジー』は、ジョンのパートとヨーコのパートがおおむね交互に進行するが、ここに収められた楽曲にも同様の不快感を覚える聴き手はいるだろう。『ヨーコの心』よりはだいぶポップミュージック寄りの楽曲が揃っているものの、ヨーコとジョンの性交渉の様子を突きつけられている気分になってくる。

筆者としては、ヨーコの音楽家としての才能は明らかだと考えている。一九七三年に矢継ぎ早に出された『無限の大宇宙』と『空間の感触』あたりがキャリアの頂点に位置していて、いずれのアルバムからも夜空の向こうに広がる宇宙空間とヨーコ自身の心のうちなる宇宙空間の共鳴が伝わってくる。ヨーコのミニマリズムへの志向と、同時代のサイケデリックロック・ムーヴメントの雰囲気とが高いレベルで調和した作品群だ。ミニマリズムはシンプルさを好む自閉スペクトラム症の特性に、薬物耽溺《たんでき》的な傾向が強かったサイケデリックロックは解離の特性に一致した芸術様式および芸術ジャンルと言って良い。南方熊楠、与謝野晶子、宮沢賢治、岡本太郎、石牟礼道子と同様に、ヨーコも宇宙と近しい関係を結んでいた。

女と男、植物と人間――ヨーコの最小世界（一）

ヨーコの作品を特徴づける性的なあけっぴろげさは、ヨーコのフェミニズムと連動している。ヨーコのエッセイ集『ただの私《あたし》』は、自己弁護の書と言っても良いものだが、そこでヨーコは男女の性交渉での役割に言及している。

> ズバリ身体の構造からいっても女の性器は被るようにできていて、男の性器はビンのように立っていて、女の性器が被ってくるのを受けるようにできています。受身な生き方に真の男らしさが感じられる、というのも、こんなところからきたものでしょうが。

（オノ 1986: 69–70）

言うまでもなくヨーコは、性器を挿入する側の男性に能動性を見、挿入される側の女性に受動性を見るという通念をくつがえそうとしているのだ。性的奔放も文脈破壊も自閉スペクトラム症によく認められる傾向だが、『ただの私』からは、彼女のそれらの特徴がよく伝わってくるために、ヨーコの理解されなさを案じて、筆者は我がことのように胸を痛めてしまう。小津安二郎もそうだけれども、ヨーコも人間の世界より物の世界の住民だったほうが幸せだったのではないか。

このことを考えるなら、ヨーコが植物を人間と同等に扱おうとするのも不思議ではない。

> 私は草に話しかける。「今日はとってもイライラしていてゴメンなさい」とか、「いま、とても疲れてるの」とか。／私が元気のいいときは、少しくらい水をやらなくても枯れたりしないのである。／人間と植物の間にこうした関係が成り立つことは、世界中で色々な学者が科学的に証明し出している。草や木と話し合いをしている人たちが、最近は非常に多いのだ。／草と話をするなんてとんでもない、と考える人たちは頭のなかに

いろんな常識――私はこれを社会がつくり出した偏見と思っているのだが、そういうものがいっぱい詰まってしまっているので、「自然」に反応することができなくなっているだけなのだと思う。／現代の人たちは、あまりにもラジオやテレビに頼りすぎているため、人間が本来持っているテレパシーの能力が退化してしまったのだと思っている。
（オノ 1986: 18）

ヨーコは、応答しようもない植物と対話する。しかもそれは、人間がもともと有していた超能力をじぶんがいまなお保持しているからだと主張する。ここからもヨーコの特殊な、自閉スペクトラム症的な特性が伝わってくるだろう。

汎人類的コミュニケーション――ヨーコの最小世界（二）

ヨーコは『ただの私』で、食事に関しては、つぎのように語っている。

食べ物にしても、いまはあまりにも色々なものが身体に入りすぎる。／私自身、以前からコンサートの前には必ず一週間断食してきた。体のなかのものを全部吐き出してしま

> うと、神経が全然ちがってくる。それまでとはまったくちがったバイブレーションが出てくるのだ。（オノ 1986: 19）

生活様式の点でもミニマリズムを貫こうとする姿勢は、自閉スペクトラム症の「同一性保持」への「こだわり」を連想させる。食事を制限することで「神経が全然ちがってくる」と主張されているが、結局これは五感が過敏すぎて、外界からの影響によって乱れやすく、それを静穏に調整しておかなくては生きづらいということを意味しているのではないか。

そのように研ぎすまされた「神経」の「バイブレーション」によって、ヨーコは宇宙の彼方の星とも地球上の人類とも回路が通じているという実感を得ることができる。

> 私は、いま、自分が宇宙とつながっているということを確信している。／空で星がキラッと光る。何千億年昔に光ったのが、いま、私たちに見える。それと同じように、私たちが、いま、キラッと思う念願が、全部未来へつながっていく。／私は、したがって、自分が世界中の人と、さらに宇宙にもつながっているという実感がある。そう確信することに意義を感じている。／自分がこのまま死んだとしても、私の念願は、絶対生きて

いくだろうし、それは私だけのものではなく、人類の念願だと信じている。（オノ 1986: 63)

人間界で理解されることが少なくとも、星々の光が地球に到達するようにして、じぶんが世界中の人とも宇宙ともつながっていると感じとる。これはじぶんの自閉スペクトラム症的特性に（そうとは知らずだろうが）真摯に耳を傾けた上での、まことにゆたかな自己成就と言えるのではないだろうか。

ミニマル一問一答——ヨーコの最小世界（三）

ヨーコと同じく世界的知名度を誇る日本人のひとりに、村上春樹がいる。筆者は、村上も自閉スペクトラム症の特性が濃厚に備わっていると考えている（これに関しては拙著『村上春樹研究——サンプリング、翻訳、アダプテーション、批評、研究の世界文学』（文学通信、二〇二三年）に収録した「補論」を参照されたい）。村上は『村上さんのところ』（二〇一五年）などで、読者とのＱ＆Ａのやりとりに熟達している様子を見せている。村上が披露するのは、読者から寄せられた複雑な悩みを、ミニマリズムの流儀であざやかな回答で消滅させてしまう芸当だ。この技術は、村上作品が呈するミニマリズム的傾向によく即している。

　ヨーコも同じ一問一答式の芸当に秀でていることを知って、筆者はハッとさせられた。筆者自身もじつは、かつて大学で担当する授業の現場で、村上の真似をやるつもりで寄せられた質問に対して曲芸的一問一答を演じてみせ、受講生から熱烈に歓迎されたことがあるのだけれど、言葉少なに本質的な要所をズバッと突くというのは、たしかに自閉スペクトラム症の特性に適っていると思う。もちろん、端的に答えれば良いというものではなく、回答は優しさにあふれたものになっていなくてはいけない。

　ヨーコの一問一答芸を見てみよう。「信じていた人に裏切られました。時が経っても許す気にはなれません。でも、忘れることもできません。『許し』について、ヨーコさんは、どう思われますか？」という質問に対して、ヨーコは答える。

> どんなことを許せないでいるのか知りませんが、「許さない」という感情にエネルギーを使って、あなたの幸福のために使うエネルギーをそれに取られてしまうのは、残念です。もっと前向きになりましょう。許すことによってあなたのエネルギーは解放されて、どんどん、健康でおもしろいことができるようになるでしょう。「許す」のは、実は相

手のためではなく、あなたの健康のため、幸福のためにするのです。（オノ 2014: 23）

「許し」という複雑なテーマを、ヨーコはエネルギー論に変換し、本人の幸福と健康に有益かどうかで考えるべきと提案してみせる。ここには一種のミニマル・アートがある。「自分の行動が誤解されて捉えられたとき、ヨーコさんだったらどう対処されますか？」という質問に対して、ヨーコはこう答える。

私の場合は、世界中が私を誤解して憎んでいたので、いちいちそれに応えているわけにはいきませんでした。それはある意味では幸運だったと思います。そのため、誤解を解くことに熱中する代わりに、自分の人生を生産的でポジティブなものにすることに熱中したのです。（オノ 2014: 39）

人間社会で必然的に多発する「誤解」という厄介な問題が、ヨーコには人一倍多く降りかかってきた。ヨーコは発想の転換によって、その誤解が多すぎたために相手をしていられなくても良かったのだ、と逆説を展開し、おかげでじぶんの創作活動に集中できたと説明する。

ここにもミニマル・アートがある。
「ヨーコさんは音楽の勉強もされているので、いろいろな楽器を弾かれると思うのですが、その中で特にどれが好きですか？　やはりピアノやギターでしょうか?」という質問に対して、ヨーコの答えはじつに気が利いている。

宇宙のすべてのものが楽器になります。あなたも楽器です。美しい音を出してください。
(オノ 2014: 49)

人間はみな楽器で、人生の営みは演奏だから、それに打ちこめば良いということだろう。この単純なモデル化にヨーコのミニマリズムは極まっている。
さらに見てみよう。「絶対に別れたくない彼女がいます。この前、その彼女に別れようと言われてしまいました。僕と別れたほうがたぶん幸せになれる、と言うのです。どうしたらいいでしょうか?」という質問に対して、ヨーコは冷静さを重視する。

絶対に別れたくないと今は思っているでしょうけれど、少し時間を自分に与えて、一生懸命、世界のため、自分の家族と友だちのためになるようなことを毎日してください。
そのうちに答えが出てきます。（オノ 2014: 114）

恋人に夢中になっている状態から距離を置けば、相手がなぜ自分と別れたいと思ったかもわかるし、そこから関係が復活するかもしれないし、あるいはダメだと納得できるようになるかもしれないということだろう。
「愛って何色だと思いますか?」というシンプルな質問に対して、ヨーコの回答もシンプルさを極める。

あなたの好きな色です。（オノ 2014: 122）

まるでジョンが体験した、脚立を登っていって、虫眼鏡で天井に書いてある小さな文字を見たら〈YES〉だった、というあの逸話を別のかたちで再現したような一問一答ではないだろうか。人それぞれみんな違うのだから、じぶんの感じ方をたいせつにして、じぶんの道を進めば良いという見解なわけだ。村上春樹も誤解にまみれた創作活動を展開し、そこから独自の思想を紡ぐことを促進できたと思われるが、同じことがヨーコにも起こっている。

じぶんらしくあろうと決意すること

ヨーコに対して、ジョンと並ぶビートルズの牽引役だったポール・マッカートニーはつぎのように言っている。

> ぼくは彼女が氷のように冷たい女だと思っていたよ。いまでは、それはまちがいだったと考えている。それとは正反対の女性だ。思うに彼女は、たいていの人たちよりも、じぶんらしくあろうと強く決意しているだけなんだ。(Starkey 2022)

ヨーコの人生と周囲からの評価は、自閉スペクトラム症の特性に裏打ちされた才能あふれる女性が、「じぶんらしくあろうと強く決意しているだけ」の場合、どのような道筋をたどるかの典型例を示している。それは全世界レベルでの無理解ということだ。筆者はヨーコの音楽を聴きながら、ほかの人が「自己中心的な印象」に不満を覚えたとしても、筆者としてはどこまでも彼女に感情移入してしまうことを告白せずにいられない。彼女は筆者の分身のような存在なのだと感じながら……。

なお筆者はかつて一度だけニューヨークを訪れたことがある。好みの音楽家たちにゆかりのあるさまざまな場所を歩きまわって、ジョンがヨーコの眼前で射殺されたダコタ・アパートメントの前にも足を運んだ。筆者の脳裏には、撃たれたジョンの名をヨーコが金切り声で叫ぶ場面が、まるでその場に居合わせたかのようによぎった。それは彼女の音楽が示すとおりの、地球上のある閉ざされた一点から全宇宙に向かって叫ばれたかのような迫力に満ちた声だった。

第8章

コッテリ感

大江健三郎

1935～2023年

大江健三郎《おおえけんざぶろう》

一九三五年、愛媛県の大瀬《おおせ》村（現・内子《うちこ》町）で生まれる。高校時代、映画監督・伊丹万作《いたみまんさく》の息子でのちに俳優・映画監督として活躍する伊丹十三《じゅうぞう》と交流。大学卒業後、大江は彼の妹と結婚した。東京大学でフランス文学を学び、当時の日本の代表的フランス文学者・渡辺一夫を生涯の師として選んだ。ジャン＝ポール・サルトルの実存主義文学などに影響を受け、性と暴力の問題を日常と政治に絡めて想像力ゆたかに、また奇怪な印象を与える独特の翻訳調の文体で表現していった。時代の寵児となり、知識層の若者たちのあいだで絶大な人気を誇ったが、知的障害のある長男が生まれてからは、父と息子との共生が大きなテーマとなり、かつての人気は喪失した。一九九四年、川端康成に次いで日本人としてふたりめのノーベル文学賞を受賞（以後、三人目の受賞者はまだ現れていない）。二〇二三年、老衰のため八八歳で死去。

「みんな水の中」

かつて筆者は拙著『みんな水の中——「発達障害」自助グループの文学研究者はどんな世界に棲んでいるか』（医学書院、二〇二一年）で、じぶんが水中に沈んでいくような感覚で生きていると解説した。この著作の刊行後、「一読しても理解できない」という声をよく耳にしたため、ここで改めて「なぜ『みんな水の中』と感じるのか」を簡潔に説明してみよう。

第一として自閉スペクトラム症があるために、コミュニケーションの不全が生じやすく、自己と周囲の世界のあいだに断絶感を覚えるからだ。第二として、自閉スペクトラム症のために、情報の処理に遅延が起こりやすく、処理されない情報の海に揺られている感じがあるからだ。第三として自閉スペクトラム症のために、青色や水色といった色彩への執着が強く、外を歩けば青空を見上げながら歩くため、そこから水の青色を連想してしまうからだ。

加えて、注意欠如・多動症があるために、思考がつねに何本も並走し、その慌ただしさから朦朧《もうろう》感に包まれているからだ。さらに発達性協調運動症のために、体を支える姿勢を取りづらく、ふわふわした身体感覚でいるからだ。二次障害として複雑性ＰＴＳＤがあって、過去の体験がひっきりなしにフラッシュバックしてきて、それに翻弄されつづけているからだ。精神疾患の患者の多くと同様に、解離があるために、クラゲじみた仕方で、空想と現実のはざまを漂っている気分になる。以上の精神疾患にまつわる諸特性の総合として、筆者は日常的な体験世界を「みんな水の中」と感じている。

この「水中世界」の身体感覚は、精神疾患を断面として「死」につうじる領域に開かれていることは強調しておかなければならない。そして筆者は思うのだ。大江が文壇へのデビュー作として発表した一九五七年の短編小説「死者の奢《おご》り」で描いた死者たちの描写の背後には、同質的な身体感覚があったのではないかと。大学の水槽内に保管された死者の群れについて、大江はつぎのように描いている。

死者たちは、濃褐色の液に浸って、腕を絡みあい、頭を押しつけあって、ぎっしり浮かび、また半ば沈みかかっている。彼らは淡い褐色の柔軟な皮膚に包まれて、堅固《けんご》な、馴《な》じみにくい独立感を持ち、おのおの自分の内部に向かって凝縮《ぎょうしゅく》しながら、しかし執拗《しつよう》に体をすりつけあっている。彼らの体は殆《ほとん》ど認めることができないほどかすかに浮腫を持ち、それが彼らの瞼《まぶた》を硬く閉じた顔を豊かにしている。揮発《きはつ》性の臭気が激しく立ちのぼり、閉ざされた部屋の空気を濃密にする。あらゆる音の響きは、粘つく空気にまといつかれて、重おもしくなり、量感に充《み》ちる。／死者たちは、厚ぼったく重い声で囁《ささや》きつづけ、それらの数かずの声は交じりあって聞きとりにくい。時どき、ひっそりして、彼らの全てが黙りこみ、それからただちに、ざわめきが回復する。ざわめきは苛立たしい緩慢さで盛り上がり、低まり、また急にひっそりする。死者たちの一人が、ゆっくり体を回転させ、肩から液の深みへ沈みこんで行く。硬直した腕だけが暫《しばら》く液の表面から差し出されており、それから再び彼は静かに浮かびあがって来る。（大江 2018a: 21）

このように密閉状態で死者たちが量感に満ちて水中に沈んでいるという描写について、筆者は大江が自身の生活上での身体感覚を投影したものと想像する。というのも、大江は一九六七年の長編小説『万延元年のフットボール』の冒頭部分を「死者にみちびかれて」と題して主人公の身体感覚を詳細に描出しているのだが、その主人公はあきらかに大江自身をモデルにしているからだ。そして、その描写は『死者の奢り』に記されたものに類似した身体感覚を連想させる。

夜明けまえの暗闇に眼ざめながら、熱い「期待」の感覚をもとめて、辛い夢の気分の残っている意識を手さぐりする。内臓を燃えあがらせて嚥下《えんか》されるウイスキーの存在感のように、熱い「期待」の感覚が確実に躰《からだ》の内奥に回復してきているのを、おちつかぬ気持で望んでいる手さぐりは、いつまでもむなしいままだ。力をうしなった指を閉じる。そして、躰のあらゆる場所で、肉と骨のそれぞれの重みが区別して自覚され、しかもその自覚が鈍い痛みにかわってゆくのを、明るみにむかっていやいやながらあとずさりに進んでゆく意識が認める。そのような、躰の各部分において鈍く痛み、連続性の感じられない重い肉体を、僕自身があきらめの感情において再び引きうける。それがいったいどのようなものの、どのようなときの姿勢であるか思いだすことを、あきらかに自分の望まない、そういう姿勢で、手足をねじまげて僕は眠っていたのである。／眼ざめるたびに、うしなわれた熱い「期待」の感覚をさがしもとめる。欠落感ではなく、それ自体が積極的な実体たる熱い「期待」の感覚。見つけることができないと納得すると、あらためて再度の眠りへの斜面に自分を誘導しようとする、眠れ、眠れ、世界は存在しない。しかし今朝は、いかにも強い毒が躰のなか全体を痛くして眠りへの遡行《そこう》を妨げる。恐怖心が噴出しようとする。陽がのぼるまで一時間はあるだろう。それまでは今日がどのような日であるかを把握できない。胎児のように、なにもわからないで暗闇のうちに横たわっている。かつてはそのような時、性的な悪習が便利だった。しかし二十七歳、既婚、

> 養護施設にいれた子供までいる現在では、手淫をする自分を考えると恥かしさが湧きおこってたちまち欲望の胚子《はいし》をひねりつぶす。眠れ、眠れ、それができなければ眠った人間を模倣せよ。不意に暗闇のうちに、昨日人夫たちが浄化槽をつくるために掘った直方体の穴ぼこが見えてくる。痛む躰のなかでは荒廃した苦い毒が増殖して、耳と眼、鼻、口、肛門、尿道から、チューブ入りゼリーのようにゆるゆるはみだそうとしている。
> (大江 2018d: 9)

深夜に中途覚醒をして、熱い期待への欲望を感じつつ、自慰をしようかと考えながら、その考えを斥《しりぞ》ける。その際の身体感覚は鈍重《どんじゅう》で、暗闇のなかの胎児のようでもあり、浄化槽に入って身体の至るところに開いている穴から毒がゼリーのようにはみだすようでもある。これは明らかに『死者の奢り』の死者たちの変奏だろう。大江は後年、過去に書いたじぶんの小説を参照し、引用、再生産することで新たな創作を展開していくことになったけれども、先のふたつの引用を比較すると、すでに『万延元年のフットボール』で一〇年前に書かれた最初期の『死者の奢り』がセルフオマージュされていると見なすことができる。

このようなセルフオマージュ癖は、自閉スペクトラム症の「同一性保持」の「こだわり」

と共通するものが駆動源だったのではないだろうか。

監禁状態の文体

際立った自己同一性の希求と、そのようなじぶんが多くの人から断絶しているという感覚から、自閉スペクトラム症者は自己が閉鎖されているという感覚を味わいやすい。これに関連して、私たちは、大江が最初の単行本『死者の奢り』に書いたつぎの一文を思いだすことができる。

> 僕はこれらの作品を一九五七年のほぼ後半に書きました。監禁されている状態、閉ざされた壁のなかに生きる状態を考えることが、一貫した僕の主題でした。（大江 1958: 302）

もちろん、このような「監禁状態」を精神疾患に由来する心境に違いないものとして断じるのは、立論のバランスを欠いている。芥川賞を受賞した短編小説「飼育」（一九五八年）を参照するだけでも、それは監禁された黒人兵の、「僕」による「飼育」を描いていて、単純な自己の監禁の物語とは言えないことは明らかだ。しかしその「飼育」で、大江の文体のこだわりにこだわった、しかも高い明晰度を備えた自己完結性は、最初期の頂点をきわめている。それは自閉スペクトラム症者の示す強い「こだわり」とシンプル思考を備えた、うちに閉じた言語のあり方を、極度に洗練したもののように見える。

> 夜《よ》更《ふ》けに仲間の少年の二人が脱走したので、夜明けになっても僕らは出発しなかった。そして僕らは、夜のあいだに乾かなかった草色の硬い外套を淡い朝の陽に干したり、低い生垣の向《むこ》うの鋪道、その向う、無花果《いちじく》の数本の向うの代赭色《たいしやいろ》の川を見たりして短い時間をすごした。前日の猛《たけ》だけしい雨が鋪道をひびわれさせ、その鋭く切れたひびのあいだを清冽《せいれつ》な水が流れ、川は雨水とそれに融《と》かされた雪、決壊した貯水池からの水で増水し、激しい音をたてて盛りあがり、犬や猫、鼠などの死骸をすばらしい早さで運び去って行った。（大江 2018a: 213）

解放された世界を描きながらも、独特の閉塞性が感じられる文体が選択されるという点に、大江という作家のもっとも固有な特質がある。大江の文体は、敵対する批評家たちからしばしば幼児的だと揶揄されていたが、その粘着的な語り口は、かつて「高機能自閉症」と呼ばれた知的障害のない自閉スペクトラム症を有する当事者の語り口に似ているというのが筆者の見立てだ。同語反復的な印象のフレーズが大江の作品にはおびただしく乱舞している。鳥のさえずりのように、音と音とが反響しあっている空間が大江のテクストから起《た》ちあがってくる。

自閉スペクトラム症児は、その特性上、クラスメイトからの迫害に遭《あ》いやすい。大江は愛媛県喜《き》多《た》郡内子町大瀬に生まれて、高校時代にいじめられた経験によって転校までしている。筆者はこの地を訪れたかったものの、現在までにグーグルアースで「デジタルツアー」をするにとどまっている。そのツアーをしながら、大江の作品には異様なほど邪悪な男たちが描かれてきたが、その背景には複合的な理由があるにしても、迫害されがちだった者の基本的な人間感が反映されているのではないか、と考えざるを得なかった。

グロテスク・ユーモア

自閉症の世界でもっとも代表的なオピニオン・リーダーと言えるテンプル・グランディンは、じぶん自身を「火星の人類学者」と表現した（サックス 1997: 274）。自閉スペクトラム症を有するために、この地球で、じぶんとは別種の人類（つまり定型発達者）を驚きながら観察し、考察している異星人のような存在だと感じたわけだ。

かつて自閉スペクトラム症には「想像力の障害」がよく指摘されてきた。大江自身は、二〇世紀フランスの哲学者ジャン＝ポール・サルトルの強い影響下に「想像力」という言葉をじぶんの創作の鍵語に選んだ作家だ。しかし先にも説明したけれども、自閉スペクトラム症者の「想像力の障害」とは、想像力一般に支障があるということではなく、他者の想念に対する洞察が困難ということを意味していて、創作活動では、むしろ特異で雄大な想像力を発揮することは珍しくない。

この独自性の強い想像力のために、自閉スペクトラム症者はユーモアが不得意なことが多く、かりにそれを表現できても、しばしば異様にグロテスクなものになる。筆者には、筆者の「発達仲間」たちのユーモアは、大江が一九六一年に発表した短編小説「政治少年死す」（「セヴンティーン」第二部）の末尾に載せた「死亡広告」を連想させる。

> 純粋天皇の胎水しぶく暗黒星雲を下降する永久運動体が憂い顔のセヴンティーンを捕獲した八時十八分に隣りの独房では幼女強制猥せつで練鑑《ねりかん》にきた若者がかすかにオルガス

ムの呻《うめ》きを聞いて涙ぐんだという
ああ、なんていい……
愛しい愛しいセヴンティーン
絞死《こうし》体をひきずりおろした中年の警官は精液の匂いをかいだという……

（大江 2018b: 97）

大江は一九七八年の評論集『小説の方法』で、さまざまな文学理論を概観した上で、それをどのように自作の創造へと応用するかについて検討している。その論述を大江は、ロシア・フォルマリズムと呼ばれる二〇世紀初頭の文芸批評運動の中心人物だった言語学者、ヴィクトル・シクロフスキーによる「異化」理論に対する共感から始めている。この理論を踏まえながら、文学作品は言語を個性的に文体化することによって、日常でふだん使いされる実用的言語を解放しなければならない、と大江は解説する。独自の閉鎖性を感じさせる文体の選択も、当初から意図されたものだったに違いない。

さらに大江はこの理論を、シクロフスキーと同世代の文芸批評家、ミハイル・バフチンに帰せられるグロテスク・リアリズム論に結びつけ、自作で試みてきた文学的営為の自己弁護を試みる。つまり、バフチンがルネサンス期の文学作品のうちに見いだした高位のものの格下げ、精神的なものを物質的・肉体的なレベルにまで引き下げる運動を、大江は自作のなかで意図的に再現してきたと明言する。このようなグロテスクな現実感の探究は、自閉スペクトラム症者としての特異な体験世界に根ざしていると筆者は考える。

解離と至高体験

以前の章でも説明したように、精神疾患があると、「解離」している当事者は珍しくなく、この解離は俗に言う神秘体験的な体験世界を起ちあげる。自閉スペクトラム症者としては、多くの著作で自身の世界観を開示してきたグニラ・ガーランドやアクセル・ブラウンズ、『自閉症の僕が跳びはねる理由』で知られる東田《ひがしだ》直樹、あるいは発達障害者のための当事者研究をリードしてきた綾屋《あやや》紗月《さつき》など、さまざまな当事者たちが、日常とは異なった意識のあり方（いわゆる「変性意識状態」）に陥りやすいことを語ってきた。筆者は、神秘体験談でよく語られる「幻視」は、部分的にこのような解離した自閉スペクトラム症者の体験世界に含まれていたものではないかと推測している。筆者の場合は、日常的に高い頻度でフロー状態（スポーツ界では「ゾーン」とも呼ばれる神秘体験的な心理状態）に入りながら生活しており、それをこれまでの著作でも語ってきた（先に挙げた『みんな水の中』に加え、『イスタンブールで青に溺れる』『ある大学教員の日常と非日常』『ひとつにならない』『解離と嗜《し》癖《へき》』などを参照されたい）。

このフロー状態に入っている状態が、大江の作品では印象的に活写される。一九六一年の短編小説「セヴンティーン」では、暴力に耽溺しながら天皇を幻視する右翼少年の心理状態がフロー状態として提示されている。

> 赤どもを踏みにじれ、打ち倒せ、刺し殺せ、絞め殺せ、焼き殺せ！　おれは勇敢に戦い、学生どもにむかって憎悪の棍棒《こんぼう》をふるい、女どものかたまりにむかって釘をうちつけた敵意の木刀をたたきつけ、踏みにじり追いはらった。おれは何度も逮捕され、釈放されるとすぐまたデモ隊に攻撃をくりかえしそしてまた逮捕され釈放された。おれは十万の《左》どもに立ちむかう二十人の皇道派青年グループの最も勇敢で最も兇暴《きょうぼう》な、最も右よりのセヴンティーンだった、おれは深夜の乱闘で暴れぬきながら、苦痛と恐怖の悲鳴と怒号、嘲罵《ちょうば》の暗く激しい夜の暗黒のなかに、黄金の光輝をともなって現れる燦然《さんぜん》たる天皇陛下を見る唯《ただ》一人の至福のセヴンティーンだった。小雨のふりそぼつ夜、女子学

> 生が死んだ噂が混乱の大群集を一瞬静寂に戻し、ぐっしょり雨に濡れて不快と悲しみと疲労とにうちひしがれた学生たちが泣きながら黙禱《もくとう》していた時、おれは強姦者のオルガスムを感じ、黄金の幻影にみな殺しを誓う、唯一人の至福のセヴンティーンだった。
> （大江 2018b: 44）

それから二〇年ほどのち、一九八三年刊行の連作短編集『新しい人よ眼ざめよ』では、大江をモデルとした中年の主人公が、知的障害を持って生まれた長男と健常者の次男が並び立つ姿を見やりながら、読みすすめてきたウィリアム・ブレイクの詩篇を想起し、昂揚《こうよう》のさなかで幻視めいたものを体験する。ここにも改めて至高体験のようなヴィジョンが湧きだしている。

> 胸うちにブレイクの『ミルトン』序の、つねづね口誦《こうしょう》する詩句が湧きおこってくるようだった。《Rouse up, O, Young Men of the New Age! set your foreheads against the ignorant Hirelings!　眼ざめよ、おお、新時代《ニュー・エイジ》の若者らよ！　無知なる傭兵《ようへい》どもらに対して、きみらの額をつきあわせよ！　なぜならわれわれは兵営に、法廷に、また大学に、傭兵どもをかかえているから。かれらこそは、もしできるものならば、永久に知の

戦いを抑圧して、肉の戦いを永《なが》びかしめる者なのだ。》ブレイクにみちびかれて僕の幻視する、新時代《ニュー・エイジ》の若者としての息子らの――それが凶々《まがまが》しい核の新時代《ニュー・エイジ》であればなおさらに、傭兵どもへはっきり額をつきつけねばならぬだろうかれらの――その脇に、もうひとりの若者として、再生した僕自身が立っているようにも感じたのだ。／「生命の樹」からの声が人類みなへの励ましとして告げる言葉を、やがて老年をむかえ死の苦難を耐えねばならぬ、自分の身の上にことよせるようにして。《懼《おそ》れるな、アルビオンよ、私が死ななければお前は生きることができない。／しかし私が死ねば、私が再生する時はお前とともにある。》（大江 2018c: 610–611）

近親相姦とソウルメイト

『小説の方法』での考察対象のひとつに、オーストリアの作家ローベルト・ムージルによる未完の大長編『特性のない男』がある。大江が私淑していた文化人類学者・山口昌男が、『文化と両義性』（一九七五年）で展開したムージル論への応答のようなものだと考えられる。『特性のない男』は、第一次世界大戦前夜のウィーン社会を活写したのち、主人公を長く離れていた実妹と再会させ、兄妹が近親相姦的な恋愛感情を抱くさまを描写していく。作者の死によって未完に終わったこの作品の初期の草案に、大江は注目する。

《二人が旅館に着くと、若い夫婦にまちがえられて、ドイツではもう流行おくれになったダブルベッド付の、美しい部屋をあてがわれた。二人はそれを敢えてことわらなかった。（身体の疲れが遠のくと、原始的な幸福を強くもとめた……踏み越えるまでの激しい緊張感にくらべると、それは何ほどのことでもなかった。〔略〕／お互いにあくことなく夢中になり、性の変化に満ちたいくつもの過程をきわめつくした、という形でなければならない）》

《はじめて二人は通りに出た。（飽くこともない肉の楽しみに困憊《こんぱい》し、身体のしんまで疲れはてていた。それは面映《おもは》ゆくもあり、幸福でもあった）》

《アガーテとウルリヒは、それが悲しみかもしれない一つの幸福を感じていた。非凡なことを体験するために選ばれた兄妹なのだ、と二人を元気づける確信のみが、二人をその悲しみの涙から救っていた》

《二人の魂が姿勢を正していても、身体の方は暖かみを求め合う動物のように、相手を求めた。こうして二人の身体に奇蹟が成就した。ウルリヒがとつぜんアガーテの中にい

たのか、彼女が彼の中にいたのか分からなかった》

《彼女の身体は軽々として自由に動いた。それは空中に漂うかのようであった》

《アガーテは幸福のあまり泣いた。二人が身動きした時に、二人がまだ別々だった頃の思い出が、乳香の粒のように、甘い愛の炎の中に落ちて、それが燃えつきた。これらは、二人が完全に一体となる前の、すばらしい瞬間の数々であったのだろう》

（ムジール 1966: 93–98）

ムージルの草案を長々と引用する大江の興奮は、どのあたりに根ざしているのか。自閉スペクトラム症者は、全人口の一パーセント程度と考えられている。この結果として、自閉スペクトラム症者にとって、ほとんどの人間はじぶんと異質に感じられるのに、稀に異様なほどじぶんに似ていると感じる「同類」に出くわすということが起こる。そこから、私たちはいわゆる「魂の伴侶」（ソウルメイト）に関する物語に惹かれやすくなる。すでにこの問題について、筆者は宮沢賢治の章で持説を披露したわけだけれども、いずれにせよ、そのような「魂の伴侶」は実在するという実感が頭を離れなくなる。赤の他人同士なら難しいけれども、兄と妹なら「魂の伴侶」という事例はありえる、という幻想も生まれるかもしれない。自閉スペクトラム症は多くの場合、遺伝するため、兄弟姉妹は発達障害の特性を共有していることが多く、じぶんたちは世間から隔絶した共同体だというイメージを当事者たちにもたらすかもしれない。もしかすると、宮沢賢治と妹トシの関係もそうだったのではないか、と筆者は考えてしまうし、妹のいなかったムージルの場合は、オシドリ夫婦として有名だったから妻を妹のような存在と感じることが多かったのではないか、と推測する。

大江は『小説の方法』の翌年、一九七九年に長編小説『同時代ゲーム』を刊行したが、そこではバフチン的なグロテスク・リアリズムの体裁で、ムージルに倣《なら》った兄と妹の近親相姦の物語が語られた。またソウルメイトへの希求は、のちにかつての親友で義兄になった伊丹十三の思い出を踏まえた『取り替え子《チェンジリング》』（二〇〇〇年）などでも反復されることになった。

男性ではなく、女性でもなく

大江は『小説の方法』で、先に挙げた『特性のない男』からの引用に続けて、つぎのように興奮を語っている。

二人が完全に一体となる。あるいは次に引く断片の両性具有。このようなイメージの仕掛けは、それこそ作品の細部を全体の結構に関係づけつつ構想するにあたっての、それも初期の草案においてのみ可能な構想であろう。（大江 1978: 36–38）

　ムージルの場合は未完に終わってしまった「両性具有」のテーマを、大江は掘りさげていくことができた。古くは一九六四年の『個人的な体験』で、勃起不全に苦しむ主人公の鳥《バード》に対して、かつての同級生で、強姦したことがある相手でもあり、現在は愛人として鳥《バード》に寄りそう「火見子」が、肛門性交を持ちかける。

「ヴァギナおよび子宮を除外すれば、あなたは女性的な肉体に対してとくに恐怖心をもたないと思う？」

　鳥《バード》はためらってから顔を赭《あか》くして、

「とくに重要じゃないが、乳房」といった。

「もしあなたが、わたしに背後から近づくなら恐怖心をかきたてられないですむわけね」と火見子はいった。

「しかし……」と鳥《バード》は遮ぎろうとした。

「鳥《バード》」と火見子はかれの抗議をうけつけないでいった。「あなたは、弟の年齢の連中から好意をもたれるタイプだと思うんだけど、そういう男の子と一緒に寝たことはないの？」

〔略〕

火見子は、おそらく相当な苦痛に耐えなければならないだろうし、体は裂けていくらかの血を流すだろう。おれたち二人とも汚物にまみれるかもしれない。しかし突然に鳥《バード》は、嫌悪感と縄のようによじりあわされた新しい欲望が湧きおこってくるのを感じた。

「後できみは屈辱的に感じるのじゃないか？」と鳥《バード》は、最後のためらいをしめして、欲望に嗄《しわが》れた低い声でささやいた。

「あの冬の真夜中の材木置場で、血と泥と木屑《きくず》とに汚れた時も、屈辱的には感じなかったわ」と火見子は鳥《バード》を力づけた。

「それで」と鳥《バード》はいった。「きみにも快楽はあるだろうか？」

「わたしはいま、あなたのためになにかひとつのことをしてあげたいと思っているだけよ、鳥《バード》」と火見子は反撥《はんぱつ》したが、それで鳥《バード》が気まずい思いをするのをふせごうとするようにとめどなく優しくこうつけくわえた。「だけど、ほら、わたしは、どんな性交にも、なにかしらgenuineなものをみつけだすことができる、といったでしょう?・」

（大江 2018c: 112–113）

女性の登場人物が、男性の主人公と男性同士のような仕方で性交するわけだ。その両性具有的なイメージは、一九九三年から一九九五年にかけて刊行された長編小説『燃えあがる緑の木』三部作で発展を見たと考えられる。そこでは語り手の「サッチャン」が男性から女性に「転換」を遂げ、「救い主」と呼ばれる「ギー兄さん」の子どもを懐妊するからだ。

筆者は、先にも名を挙げた拙著『ひとつにならない』で、自閉スペクトラム症者が好んで「じぶんは男性でも女性でもなく中性だ」と表明することを指摘している（横道 2023a: 89）。このような意識を、大江はある程度まで共有していたと考えられるのではないか。

大江について論じるならば、家族や国家についての考察も不可欠と言えるが、本書でそれに踏みこむ余裕はない。一九七六年の長編小説『ピンチランナー調書』では父（大江）と長男が「魂の伴侶」のようなイメージで語られる。一九九〇年の連作短編集『静かな生活』では、大江の長女の視点から一家が観察されるが、この語り手の仕組みでも、男性たる女性への変身が起こっていると見なすことができるだろう。つまり「両性具有」の実現だ。

一九六五年の評論『ヒロシマ・ノート』で語られる広島での災厄への同情は、現実をしばしば「生き地獄」として経験しなければならない自閉スペクトラム症者の世界観と共振しあっていたのではないか、と筆者は思いをめぐらせる。一九九四年のノーベル文学賞受賞講演「あいまいな日本の私」は、自閉スペクトラム症者に見られる政治的意識の傾向とある程度まで共鳴するものではないか、とも考える。しかし、さらなる考察は、別の機会に果たしたい。

第9章

水晶感

1949年〜

萩尾望都

萩尾望都

一九四九年、福岡県大牟田《おおむた》市に生まれた。変わった名前だが本名で、由来は「都を望む」、福岡出身の歌人・野村望東尼《もとに》、「モーツァルト」など両親もさまざまな説明を口にしていたとのこと。中学から高校時代にかけては大阪に住む。一九六九年、『なかよし』（講談社）に掲載された『ルルとミミ』でデビュー。一九七〇年代前半から『別冊少女コミック』（小学館）に連載した『ポーの一族』『11人いる!』、『週刊少女コミック』（小学館）に連載した『トーマの心臓』などによって一時代を築き、少女マンガが日本の文化でもっとも先端的と言われるほどのムーブメントを作りだす。同世代の先進的な少女マンガ作家とともに「花の24年組」と呼ばれることが多かったが、萩尾の名は通例としてその筆頭に挙げられていた。二〇一二年、少女マンガ家としては初の紫綬褒章受章。二〇一九年、女性のマンガ家としては初の文化功労者に選出。

マンガと発達障害

マンガほど発達障害の特性と親和性の高い創作ジャンルは、珍しいのではないか。似たような筋書きや演出を反復する傾向は、自閉スペクトラム症の特性と相性が良い。主人公やその周辺人物がドジでおっちょこちょいなことをする場面を描いて読者に親しませるのはマンガというジャンルの常套《じょうとう》手段なわけだが、それは描き手自身のＡＤＨＤ特性を参考にしやすい。

筆者としては手塚治虫、石ノ森章太郎、ちばてつや、藤子・Ｆ・不二雄、藤子不二雄Ⓐ、水木しげるなどマンガ文化黄金期の「巨匠」たちに関して、彼らの大量生産の傾向にはＡＤＨＤ特性を、マンネリズムを厭《いと》わない創作スタンスには自閉スペクトラム症特性を感じてしまう。後続の世代の作品を読んでいても、「この人は自閉スペクトラム症の特性が強いな」「ＡＤＨＤのほうが強いかな」などと推測しながら作品を読んでいる。

筆者が最大の衝撃を受けたマンガ作品をひとつだけ選ぶならば、萩尾望都の『ポーの一族』ということになる。筆者は初め小学生として、同世代にあたる八〇年代の『週刊少年ジャンプ』のマンガに夢中になった。そのあと一九八九年に手塚治虫が死去して、「トキワ荘」系の作家のマンガが多数復刻されるようになった動向を受け、手塚治虫を筆頭とする昭和の

「レジェンド」たちに夢中になった。未知のマンガジャンルに対する関心が高まり、少女マンガを読むようになって、歴史をさかのぼって楽しむようにもなった。そして萩尾望都の諸作品に出くわした。筆者がこれまでに所有してきたマンガは一万冊を超えるが、あえて一作だけ「運命を感じた作品」を選べと言われれば、萩尾の『ポーの一族』を選出する。

溶ける時間、世界の明暗

『ポーの一族』は、バンパネラと呼ばれる吸血鬼の少年エドガーと、その妹メリーベル、新たに仲間になるアランなどの運命を描いた伝奇ロマンだ。短編や中編が積みかさねられるかたちで、全体の物語が進行する。一九七二年から一九七六年にかけて断続的に連載され、一度は完結していたものの、二〇一六年に四〇年ぶりに続編が描かれ、以来断続的に連載が続いている。残念ながら筆者は続編にはそれほど興味を抱けないため、本書で記す内容は一九七〇年代の本編の話だと思っていただきたい。

時間軸が入り乱れ、何度もフラッシュバック的な場面が挟まれるのだが、これに筆者は打ちのめされるほどドキドキさせられた。いまでは自閉スペクトラム症の特性と共鳴するところが大きかったのだとわかる。自閉スペクトラム症があると、フラッシュバックが日常茶飯事のため、時間の間隔が時系列順に順序立っているように感じにくい。人間よりはるかに長く生きるバンパネラを扱っているため、作品は時空を超えた壮大なスケールを見せる。それは宇宙を夢見ることが多い自閉スペクトラム症者の特性を、私にも備わったその特徴をしきりに刺激したのだと思う。実際のところ萩尾は、『11人いる！』や『スターレッド』、ＳＦ作家光瀬《みつせ》龍《りゅう》原作の『百億の昼と千億の夜』、レイ・ブラッドベリ作品のマンガ化などで、宇宙ＳＦとの親和性の高さを示した作家でもある。

　そして絵柄の陰影の深さだ。白と黒が非常に鮮烈に対照させられていて、闇の深さも光の明るさも異様なほど克明に表現されている。筆者はレトロな少女マンガの愛好家で、一九六〇年代から一九八〇年代の少女マンガに関してかなりマニアックな知識をも蓄えているのだけれども、それらの知識があるからこそ、萩尾の初期作品になおさら震えてしまう。それまでにはどこにもなかったものが、初めてマンガの世界に持ちこまれていったという感触が画面から伝わってくるのだ。暗闇は宇宙のように深く、それだけに明るみは水晶のようにきらめいている。現実の日常を描いたものでも、ＳＦ作品のように超絶的な絶壁感を与えてやまない。まさしく自閉スペクトラム症の特性が結晶化したものと呼ぶにふさわしい【２１５ページのふたつの図を参照】。

双子と分身とソウルメイト

ふたつの図のうち片方では、メリーベルが生き別れになった兄エドガーについて語り、それを聞く男は、メリーベルがじぶんとエドガーは似ていると語ったことを思いだしている【図9-1】。もうひとつの図では、エドガーとアランが抱きあって生き血を交換している場面に人間の少年が出くわしてしまう【図9-2】。このように『ポーの一族』には「分身」のモティーフが確認される。そもそも吸血鬼が同族を増やすという物語ということは、つまり伝統的な分身物語の変種とも見なせる。

ここで思いだしたいのが、『ルルとミミ』『ケネスおじさんとふたご』『セーラ・ヒルの聖夜』『11月のギムナジウム』『トーマの心臓』などの初期作品から、萩尾はしきりに双子のモティーフを導入していたことだ。筆者自身は実生活で双子にほとんど縁がないのだけれど、萩尾の心理がなんとなくわかるような気がいつもしていた。分身に対する幻想を共有していたからだ。早い段階で萩尾望都論を上梓した詩人の鈴木志郎康《しろうやす》は、萩尾が作品で導入する双子は、人の世界認識に揺さぶりをかけるための装置だと考えている。

ふたごというものがこの世にいるということは知っていても、実際にふたごの人をとり

上【図9－1】『ポーの一族（2）』より（© 萩尾望都／小学館）
下【図9－2】『ポーの一族（3）』より（© 萩尾望都／小学館）

> 違えることになった場合、ほんとうにとまどってしまうものです。おそらく、この世界ではわたしはわたし一人しかいないと信じているわけですし、何事によれ、同じものはこの世界では一つしかなく、工場で大量に作ることとは一番遠い存在である人間は、別に自分と同じ人間がいるなどということはあり得ないと信じきっているからなのでしょう。ふたごの人にしても、厳密には同じではないのですから、それはそれとして知っていればなんでもありません。しかし、ふたごの存在は、そういう同じものは二つないというこの世界のありさまを信じ切って生きているわたしたちの意識をぐらつかせるものでもあるのです。（鈴木 1978: 81）

筆者は、萩尾の双子モティーフは、宮沢賢治や大江健三郎の章で話題にした「分身」や兄妹愛への関心と同根のものだと考える。オーストリアの精神分析家ハインツ・コフートの「自己心理学」には「双子転移」と呼ばれる概念があり、他人にじぶんと同じような性質を確認したいという欲求を指しているのだが、異質性の高い他者に囲まれて生き、同質性の高い例外的な他者に稀に出会う自閉スペクトラム症者には、その稀な相手に対して、この双子転移がより強力に働くと思われる。だから萩尾は双子のみならず、運命的なふたりの人間というモティーフを用いたソウルメイトの物語も多くものしてきたのではないか。

「やっぱり心があるんですから」

自閉スペクトラム症と言えば、多くの場合、変わり者で落ちこぼれということになる。これまでに萩尾がおこなった対談を追っていくと、少女マンガ草創期を支えたマンガ家・水野英子との対談で、じぶんが「変わってる」と告白している。

萩尾　ねえ、水野先生は、人から変わってるって言われたことあります？

水野　私ですか。小さいときから変わり者だと言われましたね（笑）。自分は、どう変わってるのかわからないんだけれど。

萩尾　今は、どうですか。

水野　わかりません。今は、周りが変わり者ばかりなので（笑）。おそらく、まともな人間から見るとすごい変わり者だと思うんだけど、変な世界に入りこんでしまったので、変なのが当たり前になってしまって……。萩尾さんも言われましたか。

萩尾　私も小さい頃よく言われたんですけれど、東京に出まして処世術を身につけまして（笑）。2、3回の出会いでは、まるで気がつかれない。

水野　そうか、それでか。私のところへ初めて遊びに来た時、そんな感じがしなかったのは。猫をかぶってたんだな（笑）。

萩尾　でも最近では、美内《みうち》すずえさんとか、ある雑誌の編集長さんにも会ったんですけど、私を見て一発で「あの人は変人です」と言われました。なにを言ったんだろう、私は。

水野　見やぶられましたか（笑）。

萩尾　美内さんだって、なかなかどうして、変わってますよ。

（萩尾 2012a: 55–57）

筆者の考えでは、萩尾が自閉スペクトラム症の特性の色濃い創作者なのに対して、『ガラスの仮面』などで知られる美内すずえは、ＡＤＨＤの特性が色濃い創作者ということになる。萩尾は子ども時代のじぶんが「落ちこぼれ」だったと振りかえる。

私自身が、ほんとうに落ちこぼれで、「どうしてちゃんとできないの」ってずっと言わ

> れ続けてきました。自分でもどうしてちゃんとできないんだろうって思いながら生きてきたんですね。／日本の教育的文化背景のもとでは、失敗したりダメだったりする子には、心があるとは思われていません。だからなにを言ってもいいし、どんな教育をしてもかまわないということになっているのです。「お前はバカだ」とか、「ダメだ」とか、「死んじまえ」とか、親がなにを言っても許されています。でも、言われる子はつらいですよね。やっぱり心があるんですから。（小谷 2021: 164–165）

「やっぱり心があるんですから」という言葉を、萩尾はじぶんに自閉スペクトラム症の特性が備わっているとの考えなしに言ったのだと推測する。自閉スペクトラム症者がしばしば「心のない」人と考えられてきたことを思うと、さまざまなことに思いを馳せてしまう発言だ。

分裂気質と自閉スペクトラム症

文芸評論家の中野久夫は、竹宮恵子に躁鬱気質を見たのに対して、萩尾に分裂気質を見る。中野によると、分裂気質の人は「みずから孤独を求め、それに安住することしかできない」

性質を持ち、「分裂病の病者に性的無関心が見出される事実」があって、「超越的思考パターン」を見せ、「愛されるか殺すかの厳しい非人間的な感情」があると指摘する（中野 1981: 47–48)。萩尾自身がどのような人か筆者には判断がつかないことが多いが、萩尾の作品の登場人物には、そのような特性が確認されやすい。

中野はまた、フランスの精神科医ウジェーヌ・ミンコフスキーによる精神分裂病の定義にならって、「外界との生ける接触の欠如」という言葉を当てはめ、ポーの一族を「みずから死者であると妄想する病者たちと仮定して」見ると、「生ける接触を失った彼らの孤独の性質が、驚くほどよくわれわれに諒解《りょうかい》されることが、判然とするであろう」とも指摘する。

この「分裂気質」とはドイツの精神科医エルンスト・クレッチマーによる性格類型論を参照したものだが、物静かでまじめで非社交的で他者から理解されないという性格づけがされていることからわかるとおり、現在では自閉スペクトラム症の特性が強い人と言いかえることができる。自閉スペクトラム症はかつて統合失調症の小児版と見なされていたし、「自閉」という概念自体も、「精神分裂病」の概念を創設したスイスの精神科医オイゲン・ブロイラーが、この精神疾患の特徴のひとつとしたものが転用されている。つまり、かつての「精神分裂病」にまつわる議論は、現在ではしばしば自閉スペクトラム症の議論に転用しうる。

発達障害問題としてのアダルトチルドレン

萩尾がじぶんを自閉スペクトラム症の特性が強い人と考えていないとしても、アダルトチルドレン、つまり機能不全家族で育った人だと考えていることは疑いない。萩尾の作品は親子の葛藤が好んでテーマにされる。そして、このアダルトチルドレンの問題とは、しばしば発達障害の問題でもある。親が定型発達者で子どもが発達障害児の場合、逆に親が発達障害者で子どもが定型発達児の場合には、お互いの「種族」が異なるために多くの葛藤が発生する。のみならず、親も子も発達障害の傾向がある場合、どちらも風変わりなのに、その理由がわからない上に、じぶんの風変わりなところには慣れてしまって気にならない一方、相手の風変わりなところは目について否定したくなる、ということが容易に発生する。発達障害はきわめて遺伝しやすいため、そのような不幸に由来する軋轢を多くの親子が経験している。萩尾の両親に関する発言を聞いてみよう。

> 父親は、とても優しい人ですけど自分しかみていない。だからもう、お父さんはこう思うと言ったら、それが世界になっちゃう。他人の意見を本人は聞いてるつもりなんでしょうけど、全然聞いてない。（ヤマダ 2010: 13–14）

父は声もいいし、歌は好きなんですけれども、歌謡曲は「悪だ」という感じでした。クラシックが最高の音楽だと思っていますから。私は中学生の頃にビートルズに夢中だったんですよ。友人から貸してもらって『ミスター・ポリスマン』のドーナツ盤を家で何度も何度も聴いていたんですね。そんな大きな音量ではないのに、帰ってきた父が「何を聴いているのか」と言うので「ビートルズ」と答えたら、「お前が大人になったら、若い頃はどんなにつまらない音楽を聴いていたんだろうと思うだろうね」って言われたんです。（斎藤 2014a: 118）

これらの逸話を聞くと、萩尾の父は自閉スペクトラム症の特性が備わった「毒親」で、萩尾は遺伝的にその性質を受けつぎつつも、親子関係では親の「毒」に心を蝕まれたということではないか、と感じられてくる。母親についてはつぎのように語っている。

母は、考え方はストレートで分かりやすい正直な人。でも、怒りっぽい。母のほうがまだ人の意見は聞きます。怒るけど（笑）。（ヤマダ 2010: 14）

小学校に入ったときから「もうマンガは読んじゃダメよ。マンガなんて幼稚園ぐらいの子どもがひらがなを覚えるために読むものだから」と言い出して、そこからあまり揺らがないですね。（斎藤 2014a: 117）

本書では、自閉スペクトラム症の特性が強い者同士の「魂の惹かれあい」について何度も語ってきた。そのようなカップルは現実上に数多く存在する。魂が、もっと単純に言えば発達障害の特性が引かれあうのだ。萩尾の父母もそうやって結ばれたのではないだろうか。萩尾と斎藤環の対話を見てみよう。

萩尾　両親にとってマンガは非常にレベルの低いものなんですよ。なかったものにしたいんですよ。それでも賞をとったから新聞に載ったんだ、という事実は置いておかれて、ただ単に新聞に載ったという事実だけで褒められる。

斎藤　そういうのは「否認」というんですけれども、そこまできれいに否認するというのはなかなかないですね（笑）。目の前にあるのに見ないふりというのは。

（斎藤 2014a: 132）

そのような極端な「否認」もまた発達障害の特性の強い人が呈しやすい行動だ。

「明るい自閉症」

このように書きながら、改めて萩尾に関する購入した資料を見ていたところ、予想しなかったことに、萩尾がじぶんの自閉スペクトラム症的特性を受容しているかのような一節に出くわした。

> だいぶ以前に、高橋源一郎さんに「明るい自閉症」って言っていただいたことがあるんですけど（笑）。まあ、当たっているかな、と。（ヤマダ 2010: 17）

おそらく「明るい自閉症」と発言した高橋は、自閉スペクトラム症に関する正確な知識を持っていないまま、通俗的なイメージでそのように言っただけかもしれない。萩尾にしても同様の状態でその表現に膝を打ったのかもしれない。しかし、かつて通俗的な意味あいで「自閉的」と言われていたものは、現在では（スペクトラム状の特性を見せることがわかっている）自閉症の範囲内にやはり収まるものなのだということは、どこまでも強調しておいて良いだろう。

「変わり者」たちの黄金時代

二〇一六年、マンガ家の竹宮恵子が『少年の名はジルベール』と題する回顧録を刊行した。竹宮は東京練馬区の大泉で同居生活を送っていた萩尾に対して、強烈な嫉妬心があったと告白し、大いに話題になった。若き日の彼女たちの暮らしぶりを「朝ドラ」のテーマに、などと呼びかける人たちが出てきたのを受けて、萩尾が二〇二一年に刊行したのが、彼女なりの回顧録『一度きりの大泉の話』だった。竹宮が記さなかった嫉妬心に依拠したなまなましい行動が明らかにされ、醜聞《しゅうぶん》として話題になった。

筆者は萩尾や竹宮の作品に夢中だった少年時代、彼女たちが同居生活の解消後、互いの仕事に対する言及が控えめなままでいることを疑問に思っていた。だから真相を知ることができたことは、長年にわたって喉元に刺さっていた魚の小骨が取れたかのような体験だった。同じような思いをしたファンは多かったらしく、「なにかがあったんだとは思っていたけど、こういうことか」という趣旨の投稿を𝕏（旧ツイッター）で多く眼にした。おそらく竹宮はＡＤＨＤ特性が強いマンガ家だと感じられるのだが、自閉スペクトラム症とＡＤＨＤは併発することもある一方で、対立的に作用する特性でもある。萩尾と竹宮のあいだには、自閉スペクトラム症の特性が強い作家とＡＤＨＤの特性が強い作家の相剋《そうこく》があったのではないかというのが筆者の推測だ。

問題の「大泉サロン」があったあたりを訪れると、現在でも当時よく話題にされていたキャベツ畑が残っていた。筆者はレトロな少女マンガに夢中だった一〇代の頃を思いだした。筆者は萩尾作品に衝撃を受けたあまり、彼女の作品をぜんぶ読むだけでは飽きたらず、その初期作品のルーツを探り、矢代まさこ作品の熱心な収集家に転じた。萩尾自身はマンガ家をめざしたきっかけとして、手塚治虫の名を挙げることを好んできた。初期の発言を見てみよう。

> まんが家になる動機というのは、はっきりしていまして、高二の終りごろ、手塚先生の「新選組」を読んだのがきっかけです。(萩尾 1976: 117)

他方で、萩尾の最初期の絵柄やテーマ設定の仕方を見ると、私たちは萩尾にとって最大の先駆者が矢代だったことを理解することができる。たとえばマンガ家の福山庸治は、少女時代の萩尾について、つぎのように回想している。

> 初対面のときの萩尾さんは、なぜか極度に緊張、興奮していた様子で、まるで台風のようなけたたましさであった。長目の髪を三つ編みにした彼女は顔を紅潮させ、九州なまりの大阪弁で矢継ばやに私に質問を浴びせてくるのである。「ペンはどんなン使ってはる?」「あああの、ふふふふつぅの…」「紙は? ケント紙? フンガー、ウチ使ったことあらへん」「はははははァ、そそそそ…」「矢代まさこ、知っとる?」「だだだだだれ、そそそれ?」(福山 1978: 48)

自閉スペクトラム症には吃音がよく併発するため――吃音（児童期発症流暢症）も医学的に発達障害の下位カテゴリー――、筆者はこの一節を読みながら萩尾が吃《ども》りながらしゃべっていたのだと錯覚し、やはり萩尾には自閉スペクトラム症の特性が濃厚に備わっているのだ、と早とちりしてしまった。しかし冷静に読めば、吃っているのは質問されてタジタジになっている福山の側で、萩尾は吃ることなく矢継ぎ早に質問をしている側だ。そのことに気づいたあとも、とはいえ筆者は萩尾のズバズバとした物言いに、結局のところ自閉スペクトラム症の特性を見てしまう。いずれにしても語られている情報に注目すれば、この箇所は、初期の萩尾にとって矢代の存在が非常に大きかったのだろうことを知らせてくれる逸話ということになる。

それでも萩尾は、矢代について語るとき、慎重かつ控えめに言及しているような気配がある。手塚治虫、松本零士との鼎談《ていだん》では、このような具合だ。

手塚　あなたの絵なんかすごくオリジナルでしょ。

萩尾　そんなことないですよ。私も若い時はいろんな人の影響を受けました。

手塚　でも、もう『ケーキケーキケーキ』の時にはちゃんとした絵でしたよね。

萩尾　どうもありがとうございます。

手塚　『ケーキケーキケーキ』の前、なんだっけ？

萩尾　短編を何本か描いてました。

手塚　あれから、だいたい変わってるってこともないんでしょう。

萩尾　そうですね。中学、高校の頃は矢代まさこ先生や水野先生の絵にすごく似てたんです。

（小谷 2021: 156–157）

デビュー当時の萩尾の絵を見ると、水野よりも矢代の影響が大きいのは明らかだから、矢代からの影響を相対化しているように見える。また少女マンガでの言語使用の問題については、巖谷國士《いわやくにお》との対談でつぎのように語っている。

> 少女マンガのモノローグで印象に残っているのは西谷祥子《よしこ》さん、矢代まさこさんですね。あと、後には大島弓子さん、木原敏江さん。（萩尾 2012b: 145–146）

ここにも矢代からの影響を特権視しない態度が見られる。筆者が想像してしまうのは、これらの慎重さと控えめさは、萩尾が先駆者を過小評価してじぶんの独自性を強調したいからというわけではなくて――萩尾のインタビューや対談を見るかぎり、萩尾がそのような人だとは考えられない――矢代とのあいだにも、竹宮とのあいだにあったような葛藤があったのではないか、ということだ。萩尾が「少女マンガの神さま」「少女マンガ界の手塚治虫」など持ちあげられるようになっていったのに対して、矢代はおおむね「忘れられたマンガ家」と言って良い存在になってしまった。

竹宮との関係にも影を落としたかもしれない自閉スペクトラム症的特性が、矢代との関係にもなんらかの作用を及ぼしたのではないか。そのように考えれば、筆者の胸はどこまでも締めつけられてしまう。筆者自身が、無数にそのようなたぐいの体験をしてきただけに。

第10章

わちゃわちゃ感

高橋留美子

1957年〜

高橋《たかはし》留《る》美子《みこ》

一九五七年、新潟県新潟市の出身。日本女子大学漫画研究会に所属し、会誌『びびっと』に「けも・こびる」の筆名で作品を発表していた。一九七八年、『勝手なやつら』でデビュー。同年に連載を開始した『うる星やつら』は爆発的人気を呼び、当時勃興しつつあった「オタク文化」の大黒柱のような役割を果たした。一九八〇年に連載を開始した『めぞん一刻』も青年マンガ史上屈指の名作と見なされる。『週刊少年サンデー』など小学館のマンガ雑誌で活躍を続け、「るーみっくわーるど」を構築。世界での単行本の累計発行部数は二億部を超えており、二〇二〇年に紫綬褒章を、二〇二三年にフランス芸術文化勲章「シュヴァリエ」を授与された。オタク系文化に詳しい評論家の岡田斗司夫《としお》は「手塚治虫が『マンガの神様』なら、高橋留美子こそ『マンガの怪物』である」と話す。

るーみっくわーるどと「ノリ」

高橋留美子に発達障害的な特性を見るだって？　誰かがそんなことを試みていたら、筆者だって「おいおい、なんでもかんでも発達障害に関係づけようとするのは、よしたまえ」とたしなめたかもしれない。そんな暴挙を筆者自身がやってしまうというのが、本章の内容だ。

高橋留美子は一九七八年にデビューした。筆者が生まれる前年だ。思えば筆者は幼稚園児の頃、本放送をやっていたアニメ版『うる星やつら』を観て、おおむね悪い印象しか抱けなかった。タツノコプロの「タイムボカン」シリーズなども同様だったが、スラップスティックなノリは耳にやかましくて、心に煩わしかった。これは自閉スペクトラム症の特性で、定型発達者のような強力な「ソーシャル・モチベーション」がないと論じられている。つまり仲間内でわいわいと「つるむ」のが苦痛なのだ。筆者は幼稚園や小学校でもそんな感じ方で、スラップスティックなマンガやアニメさながらにあばれまわる同級生たちに、どうしても同調することができなかった。

ところが筆者は小学校時代の半ばで、スラップスティックな「ノリ」の波にうまくサーフインすることができれば、孤立したりいじめられたりすることもなく、むしろ「クラスの中心メンバー」として活躍できるという事実を発見した。これは筆者の生育環境が、お笑い文化が覇権を打ちたてている大阪にあったことも関係しているだろう。それで、テレビのバラエティ番組やアニメ番組なども、以前は「鬱陶しい」と思っていたのに、「生きのびるための術策」が詰まったものとして、熱心に研究し、じぶんの振るまいに取りいれるようになっていった。

そんなある日、『らんま½』というアニメが始まった。高校生男子の主人公が水をかぶると女子になる。筆者はじぶんの性別をあいまいに感じていたこともあって夢中になり、このアニメの関連グッズを集めるとともに、高橋留美子の原作マンガを揃えるようになった。中学生になると、同級生に同じく『らんま½』のファンがいて、彼との交流も日々楽しいものがあった。そんな状況で、小学校中学年から高校時代途中まで筆者は『らんま½』にのめりこんでいた。

高校になってレトロなマンガに惹かれるようになった筆者は、『うる星やつら』『めぞん一刻』『人魚の森』『1ポンドの福音』といった高橋留美子の過去作を楽しむようになった。そうして「るーみっくわーるど」と呼ばれる領域に入信したのだった。しばらくすると、レトロ趣味にどっぷり染まった筆者は同世代の高校生たちの一般的センスから脱落するようになって、むしろ高橋をデビュー当時から支持した旧世代の若者たちのセンスに同調するようになっていった。それはつまり高橋留美子が、かつて『うる星やつら』と『めぞん一刻』という異質な二大傑作を同時に連載していた史上最高級の天才マンガ家として、筆者の脳裏に改めて強烈な存在感を発揮するようになったということだ。

筆者のマンガ文化に対する展望はその数年間で完全に更新され、そして現在に至るまで原則としてそのままになっているという感覚がある。『うる星やつら』と『めぞん一刻』を読みかえすたびに、連載当時のファンの心理を共有している気分になって、「この作家は今後どんなすごいことになっていくんだ」という想像のつかなさに震えてしまう。どちらかと言えば、『うる星やつら』が『めぞん一刻』以上に圧倒的だと感じた。幼い頃に煙たがったアニメ版とはまったく異なって、原作では——少なくとも初期の賑やかすぎるスタイルが一段落したあとは——一見すると騒々しい場面でも、その周囲に不思議なくらいの静寂が立ちこめていた。この作品の表面的なやかましさと、その裏側に広がる静けさの落差に、筆者はすっかり夢中になってしまった。

二大傑作と、それ以外

この感じ方を身につけたことで、弊害もあった。「るーみっくわーるど」へのそもそもの入り口となった『らんま½』に対する筆者の思いは、果てしないくらい冷めていった。この作品は「二大傑作」を中国武術のモティーフによってアレンジしつつ、より低い年齢層に向けて冗長にリライトしたものではないか、というのが筆者の率直な見立てになった。商業的なレベルで言えば『らんま½』は「二大傑作」以上の成功を収めたが、それがまた気に入らないと思うようになった。「二大傑作」が正当に評価されていないと感じられてならず、筆者は「義憤」に燃えた。実際には『うる星やつら』も『めぞん一刻』も充分すぎるほど多くの人に絶賛され、多くの人がこの二作品で高橋を天才と見なすようになったわけなのに。

当時連載されていたるーみっく作品は『犬夜叉』で、筆者は最初の数巻だけで読むのをやめてしまった。筆者にとって同作は、『らんま½』を『人魚の森』や初期の短編で見せていた時代ものへの志向と融合させ、『らんま½』以上に冗長にリライトしたものと感じられた。しかし高橋にとって『犬夜叉』は最長連載作品になり、彼女はそのあとも『境界のＲＩＮＮＥ』『ＭＡＯ』を連続的にヒットさせつづけた。

マンガの歴史をつうじて、高橋以上の成功を手中にした描き手はほとんどいない。だが、国内のマンガの歴史の全体像について本格的な見通しを得るようになっていた筆者は、るーみっくわーるどに対する現在進行形の愛情を保ちにくいことに忸怩《じくじ》たる気持ちだった。新作を読んでも、物語と絵柄の両方に失望するようになった。

そのようなわけで、筆者には高橋を称える者としてふさわしくない面がある。彼女の創作活動の全体に対して充分な愛情を示すのが難しいと感じるときがあるからだ。揺らめくような躊躇《ちゅうちょ》を抱きしめつつ、筆者はこの章を書いている。

上品な「変態人格図鑑」

高橋の作品全体は「変態人格図鑑」と名づけられそうだ。いかにもマンガ的に描かれた作品も、リアルな筆致で描かれた作品も、その点では変わらない。主要キャラクターがじぶんの欲望に非常に忠実で、衝動的かつ多動的にわちゃわちゃと振るまうさまは、脳の報酬系が弱いとされるＡＤＨＤ者を連想させる。高橋はじぶんのうちなる「変態性」に対する当事者研究として、じぶんの作品を描きつづけているのではないか、という妄想じみた推測が私の内部に湧いてくる。

世の中に「変態的」な作品を描くマンガ家はたくさんいるわけだけれども、高橋の作品にはなんとも言えない上品さが漂っている。女性作家だから、という単純な整理はできない。筆者としては、ほとんどの女性作家に対して、「変態的」なはずの高橋よりも上品さの程度が上回っているとは感じられない。二〇二二年、『うる星やつら』が三六年ぶりにアニメ化されるに先立って、かつてのアニメ版でヒロインのラム役の声優を務めた平野文《ふみ》は「『うる星やつら』の魅力を教えてください」と求められて、まさにこの問題に言及した。

平野　高橋留美子先生ってお会いするたびに思うんですけど、とても品位のある方なんですよ。それが原作にも出ていると思うんですよね。「うる星やつら」の一番の魅力って品があることかなって思ってるんです。新しい『うる星やつら』を見て、いっぱい発見があると思うので、その中の一つに〝品があるってこういうことかな〟って少し感じてくれたら留美子先生も喜ぶかなって思いました。（めざましテレビ 2022）

「変態的」なはずの高橋の濃密な「品位」。幼い筆者が旧アニメ版の『うる星やつら』に強い反感を抱いたのは、演出を担当した押井守たちの作風に、まさにその「品位」が欠けていると感じたからだった。その「品位」ゆえに筆者は「るーみっくわーるど」の信者となったことは疑えない。

この「品位」を、筆者は自閉スペクトラム症の特性による周囲との断絶感に由来するものではないか、と考えているのだ。知的障害を併発していない自閉スペクトラム症者たちは、しばしば非常に「良家のおぼっちゃん的・お嬢ちゃん的」と形容できそうな上品な言動を呈する。先ほど述べた「ソーシャル・モチベーション」が弱いという理由によって、まわりの人とむやみに関わろうとしないため、「高嶺の花」のように孤高の存在という印象を与えるからだ。

自閉的に分身する

初期の高橋の発言を探していると、作家・平井和正との対談で「自閉」が問題になっている箇所に行きあたった。

高橋さんは小さいころからちょっと自閉的なところがあって、お友達と遊ぶのがあまり好きじゃなく、家にこもってコツコツと漫画をかいていらっしゃった。（高橋／平井 1984: 17）

この発言が出た時代に「自閉的」とは、たんに極度に内向的ということを指していた。だが萩尾望都の章でも書いたことを改めて指摘すると、二〇一三年にDSM-5（『精神疾患の診断・統計マニュアル』第五版）が登場して、自閉スペクトラム症という概念が正式に採用されたことで、かつて「自閉的」と形容されつつ、精神疾患の当事者と見なされなかった人々は、実際に自閉スペクトラム症の特性がありつつも、恵まれた環境を手に入れることによって、障害者という立場に転落していなかった人々を指している、という展望が開けた。リアルな筆致を多めに盛りこんでいることで、「定型発達的」なマンガに見える『めぞん一刻』にしても、その中枢に位置する原理は「自閉的」と言って良いと思う。高橋と平井の語りあいを聞いてみよう。

高橋　片思いに関しては、男も女も同じだと思うんです。

平井　でも、男性心理なんかをあれだけ知っているのはただごとではないと思うんですよ。

高橋　五代というのは、結局、私みたいなものですから（笑）。

平井　そうでしょうかねえ。じゃああの響子さんも？

高橋　同じなんです。だから、何を隠そうヒーローとヒロインと二人、性格が同じなんですよね。

（高橋／平井 1984: 23–24）

主人公の男性とヒロインの女性の両方が、作者・高橋の分身として創造されたという創作上の秘密が開示されている。私たちは、本書で何度も話題にしてきた「分身」の問題が、高橋の場合にも萩尾などの場合と同様に、自閉的創造性として出現した、と推測することができる。

斎藤環は高橋と平井のこのやりとりに注目し、高橋の「両性具有的」な性質が作品に反映され、同様の個性を持ったあだち充の作品とともに、一九八〇年代の『週刊少年サンデー』の世界観を作りだしたと述べている（斎藤 2014b: 112）。その「両性具有的」な性質は、与謝野晶子や大江健三郎も感じていたかもしれない「中性」的な身体感覚とおそらく同質的ではないだろうか。

斎藤は、高橋のこのような性質はナルシシズムの産物で、そのままだと自己愛の袋小路に入りこんで頓挫するはずなのに、男女の恋愛劇によって他者化し、笑いをつうじて、他者への分裂が温存されると分析している（斎藤 2014b: 113–114）。筆者はこれこそが自閉スペクトラム症の特性が濃厚に備わった創作者の典型的なメカニズムだと考える。

斎藤の見解を発展させるならば、高橋は自閉スペクトラム症的な特性によってじぶんの分身を作りだし、ＡＤＨＤ特性を活かして男女のわちゃわちゃとした恋愛劇を無限に増殖させ、それによって実質的に発達障害者にならずに済んでいる、と考えられる。高橋キャラの粗忽《そこつ》な挙動、独特な間《ま》の置き方、常夏《とこなつ》のように明るいオノマトペ、それらを無限に変奏しつづけるだけで読者を惹きつける作品を描けてしまう異能も、自閉スペクトラム症やＡＤＨＤの特性によって説明できるだろう。オノマトペへの「こだわり」に関しては宮沢賢治のそれと近しいものがある。

萩尾望都に想いを馳せつつ「大泉サロン」の跡地を見に行く直前、筆者は高橋の事務所も近場に立地していると知って、足を運んでみた。なんの変哲もない市街地のさなかに、それは立っていた。いかなる感慨も湧きようのない道があちらこちらへと走っていた。しかし、筆者は周囲をしばらく歩きまわりつつ、『うる星やつら』『めぞん一刻』『らんま1/2』などに描かれた街並みも、この周辺の市街地のイメージを反映しているのではないか、と想像をめぐらせた。筆者がかつて信仰した「るーみっくわーるど」にひさしぶりに心を寄せるひとときは、けっして悪いものではなかった。

第11章
人類補完計画感

庵野秀明

1960年～

庵《あん》野《の》秀《ひで》明《あき》

一九六〇年、山口県宇部《うべ》市で生まれ育つ。大阪芸術大学在学時、自主制作アニメ・特撮に没頭し、大学は中退。一九八一年、大阪で開かれた第20回日本ＳＦ大会（愛称「DAICON 3」）に赤井孝美、山賀博之らと開会式用のアニメ作品を出品し、制作チーム「DAICON FILM」はアニメ制作会社GAINAXへと発展した。宮崎駿監督の『風の谷のナウシカ』、山賀博之監督の『王立宇宙軍オネアミスの翼』などで敏腕アニメーターとしての評価を確立。『トップをねらえ！』で監督、『ふしぎの海のナディア』で総監督を務め、新進アニメ監督として認知される。一九九五年から翌年にかけて放映された『新世紀エヴァンゲリオン』は日本のアニメ史上最大級のブームを発生させ、後続のクリエーターたちに大きなインパクトを与えた。二〇〇六年にスタジオカラーを設立し、独立。実写制作にも熱心で、『シン・ゴジラ』『シン・ウルトラマン』『シン・仮面ライダー』などを送りだした。妻はマンガ家の安野《あんの》モヨコ。「庵野」は本名、「安野」は筆名で、「アンノ」同士のカップルになったのは偶然の一致だという。

新しい何かが始まった!

小学六年生だった頃、テレビアニメ『ふしぎの海のナディア』（一九九〇〜一九九一年）の本放送第一話を観て、筆者の内部で新しい何かが始まった。クレジットにあった「庵野秀明」という監督名を手がかりとしてレンタルビデオショップで『トップをねらえ!』（一九八八〜一九八九年）という作品を借りだすときは、そわそわした。露出度の高い衣装を着たヒロインがパッケージに大きく載っていて、店員に何か言われやしないかと怖れたのだ。とくにそんなこともなく、あっさりとレンタルできた瞬間は心底ホッとした。うちに帰ってこの作品を観た筆者にとって、「庵野秀明」の名前は永遠の存在となった。

だからその数年後の一九九五年、高校二年生になっていた筆者は新番組『新世紀エヴァンゲリオン』をどうしても毎週視聴しなければならないと決心していた。この頃の筆者は、そろそろアニメというジャンルの子どもっぽさにうんざりするようになっており、このジャンルの作品で関心を傾ける対象はほとんどなくなっていた時期にあたる。そして多くの「オタク」たちにとってと同様に、筆者にとってもこの作品が人生でもっとも決定的な一撃を与えた。まさか完結までに二六年を費やすことになるアニメとは、予想することもなく筆者はのめりこんでいった。

自己との断絶、世界との断絶

イギリスの精神科医、R・D・レインは『引き裂かれた自己』で、精神分裂病（現在の統合失調症）の世界体験について、つぎのように説明している。

> 精神分裂病質者《スキゾイド》（schizoid）というのは、その人の体験の全体が、主として次のような二つの仕方で裂けている人間のことである。つまり第一に世界とのあいだに断層が、第二に自分自身とのあいだに亀裂が生じているのである。このような人間は、他者と〈ともに〉《ツゲザー》ある存在として生きることができないし、世界のなかで〈くつろぐ〉《アト・ホーム・イン》こともできない。それどころか、絶望的な孤独と孤立の中で自分を体験する。その上、自分自身をひとりの完全な人間としてではなく、さまざまな仕方で〈分裂〉《スプリット》したものとして体験する。たとえば身体との結びつきが多少ともゆるくなった精神として、あるいはまた、二つ以上の自分として——等々。（レイン 1971: 14）

自己と世界のあいだにも、自己と自己のあいだにも断層がある。すなわち二重の断絶。萩尾望都の章でも説明したけれども、かつての精神分裂病に関する言説は、現在では自閉スペクトラム症者の体験世界として理解されているものにしばしば適用できる。自己の世界とのあいだの断層は、定型発達社会と自閉スペクトラム症者のあいだのもの、自己同士の断層は自閉スペクトラム症者自身と、定型発達者に「擬態」して生きるときのじぶんとのあいだのものと考えられる。

レインの先の文章について、評論家の野《の》火《び》ノビタは「私が今まで読んだ本のなかで、最も感動した本のひとつ」（野火 2003: 4）と述べ、主張する。

> この冒頭文の「精神分裂病」という言葉を「碇シンジ」と言い換えて読んでみよう。あるいは「綾波レイ」とも。この文章は彼らを言い当ててはいないか。『新世紀エヴァンゲリオン』〔略〕という物語が問題としているのは、まさにこの病なのではないか？
> （野火 2003: 6）

碇シンジは庵野秀明を監督とするアニメシリーズ『エヴァンゲリオン』の主人公、綾波レイはヒロインのひとりだ。筆者としては、もし二〇世紀末の「エヴァ・ブーム」が一〇年後、二〇年後に発生していたら、この作品は盛んに発達障害との関連で論じられただろうと想像する。

スキゾとパラノをもう一度

「エヴァ・ブーム」の真っ最中に編集者の竹熊健太郎と文筆家の大泉実成《みつなり》が、庵野秀明にインタビューするという企画があった。その鼎談でも精神疾患がらみの問題が話題になる。

大泉　スキゾ（分裂）だけじゃなくて、パラノ（偏執）の部分もあるじゃないですか。

竹熊　仕事にのめり込む時は、もう完全にパラノイアで、ずっと覚醒して絵を描いたりしてるわけで。それで作業を離れるとスキゾ性みたいなものが出てくる。

庵野　まあ、気違いですね。

（竹熊 1997: 124–125）

「スキゾ」と「パラノ」という概念は、『構造と力』で「ニュー・アカデミズム」ブームを起こした浅田彰《あきら》が『逃走論』（一九八四年）で示したものを指している。浅田は「人間にはパラノ型とスキゾ型の二つがある」と主張し、「パラノってのは偏執《パラノイア》型のことで、過去のすべてを積分＝統合化《インテグレート》して背負ってるようなのをいう。たとえば、十億円もってる吝嗇《りんしょく》家が、あと十万、あと五万、と血眼になっているみたいな、ね。それに対し、スキゾってのは分裂《スキゾフレニー》型で、そのつど時点ゼロで微分＝差異化《ディファレンシエート》してるようなのを言う。つねに《今》の状況を鋭敏に探りながら一瞬一瞬にすべてを賭けるギャンブラーなんかが、その典型だ」（浅田 1984: 2–3）と規定する。浅田によると、パラノは「住む」、スキゾは「逃げる」の性質を持ち、パラノ／スキゾは音楽のシリアス／ポップ、マンガのシリアス／ギャグなどに対応するとも規定される（浅田 1984: 3–4）。

　浅田のスキゾとパラノの議論は、以上のとおり、全人類に一定程度パラノイア（偏執病）とスキゾフレニー（分裂病）の特性が分有されたものと見なし、人間がどちらかふたつの類型に分類されると主張する思いきったものだが、もしかすると現在では発達障害の議論を使って同じようなことが主張できるのかもしれない。つまりジヘイ（自閉スペクトラム症的特性）とアデハデ（ＡＤＨＤ的特性）はどんな人にもある程度まで分有されているのだと。本書の議論の延長線上には、もしかするとそのような思考実験もありえる気がする。

アダルトチルドレン、ひきこもり、自閉スペクトラム症

『エヴァンゲリオン』の画面には愛撫、挿入、射精、受胎、胎内回帰などのイメージがおびただしく焼きつけられている。抑圧的な父親像が前面に出されているから、一九九〇年代後半のブーム当時、同作は当時同様によく話題になっていたアダルトチルドレン問題の文脈から考察されることが多かった。萩尾望都の章でも見たように、自閉スペクトラム症と機能不全家族の問題は非常に近しい位置にある。親子が揃って自閉スペクトラム症の特性が濃厚な事例は、非常に多い。

斎藤環は、シンジは「ひきこもり」、レイは「自閉スペクトラム障害」、別のヒロインのアスカは「境界性パーソナリティ障害（境界例）」だと語り、それらは「病理」ではなく、「モード」だと述べる。「個人が他者や環境と関係する際に選択される、複数の人格モード」で（斎藤 2021a: 11–13）、「庵野秀明がシンジのキャラクターを造形するときに、自閉症を意識したと思しき痕跡があるのだ」（斎藤 2021a: 42）と指摘する。この考え方は、先に見たスキゾとパラノ、あるいはジヘイとアデハデとはまた別の仕方で、精神疾患の問題を人間にとっての普遍的な精神現象の問題として再構築した事例と言える。

文芸評論家の藤田直哉は、『ガンダム』や『エヴァ』を自閉症的であるが特別に秀でた能

力も備えた、高知能の自閉症スペクトラム障害を持った子ども、いわゆる（2E〔Twice-Exceptional〕、すなわち高度な能力と障害の両方を持つ）ギフテッドのような少年少女たちの実存を巡る物語だと再定義してもいいのかもしれない」（藤田 2021: 43–44）と指摘し、「ぼく自身にその傾向がある」（藤田 2021: 45）、「大人になってから検査をした結果としては、確定診断こそ付かなかったが、自閉症スペクトラムの傾向は確かにあった」（藤田 2021: 45）、「だから、シンジくんは、ぼくなのである」（藤田 2021: 45）と語る。そして遠慮がちに「ただし、庵野秀明ら作り手が自閉症であるなどという主張ではない」（藤田 2021: 44）と断りおきを述べている。

筆者自身は率直に言って、庵野自身を映したドキュメンタリー映像を眺めていると、どうしても筆者自身や筆者の「発達仲間」たちの分身のような人としか思えない。『ふしぎの海のナディア』や『エヴァンゲリオン』などでは、ヒロイン（ナディアと綾波レイ）が庵野自身と同様の偏食家として描かれていた。筆者は筆者自身の過去や仲間たちの偏食へと連想を誘われる。庵野作品の独特のカメラワークを中心としたこだわりは、小津安二郎のこだわりに通底し、庵野の独特の空間認識を想像させる。たとえば人造人間エヴァンゲリオンは体長が明確に設定されておらず、その体長は場面ごとに大幅に伸びたり縮んだりする。庵野自身のマニアックな「こだわり」を考えると、どうしてこんなにザツな仕上がりになったのかと不思議に感じてしまいそうだが、この事情には小津と同じく庵野の空間把握力の乏しさ、あるいは独特さに起因していると見なせるのではないか。

ドキュメンタリーとしての『エヴァンゲリオン』

『エヴァンゲリオン』のキャラクターの大半は、庵野の分身だと指摘されてきた。庵野自身、竹熊および大泉によるインタビューでみずから断言している。

> 『エヴァ』のキャラクターは全員、僕という人格を中心にできている合成人格なんですけれど、コアの部分には僕がいるんですが、平たく言えば僕個人があのフィルムに投影されているってことですね。（大泉 1997: 24）

庵野はこの問題について竹熊と語りあう。

庵野　僕は、結局、頭の中で考えてもできないんで、しかたなく自分をドラマにそのまま投影している。だから、なんか人間ドラマっぽい感じがするだけで。

竹熊　ああ、庵野さんが「『エヴァ』のキャラは全部自分自身だ」という意味はそれですね。

庵野　ノンフィクションですよね。自分が今やってるのは。これをフィクションでやれっていうのは、とても無理ですよ。そんな才能ないっス。そういうのを簡単にやれると思ってる人達に、僕は傲慢を感じますね。傲慢、もしくは何もわかってないんだという。まあ、『エヴァ』は実はドラマというより、ドキュメンタリーに近いですね。

（竹熊 1997: 105–108）

ここで筆者が思うのは、じぶんの自閉スペクトラム症的特性について、じぶんがその当事者だと気づくことがないままに、これほどまで正確に捉えてみせた創作者はかなり珍しいのではないか、ということだ。庵野がこのインタビューを受けた頃、発達障害はまだ世間ではほとんど話題になっていなかった。

オマージュとコラージュの美学

庵野の作品は自分が愛好する先行作品に対するオマージュに富んでいる。個々の作品はコラージュめいていて、その点も批判の的になる。筆者にとっては、「エヴァ・ブーム」が終わってだいぶあとの時期に、石川賢のマンガ『魔獣戦線』を初めて読んだときがもっとも衝撃的だった。『エヴァンゲリオン』のキャラクターもプロットも、じつは全体にわたってこのマンガのパロディだった事実を理解したからだ。庵野と竹熊は語りあう。

竹熊　例えば過去の作品のコピーしかできない我々っていうのがいるわけでしょう。でも、ただのコピーじゃないぞってことで何かを作ろうとするわけじゃないですか。

庵野　僕らは結局コラージュしかできないと思うんですよ。それは仕方がない。オリジナルが存在するとしたら、僕の人生しかない。僕の人生は僕しか持っていない、それがオリジナルだから、フィルムに持っていくことが僕が作れるオリジナリティなんです。それ以外はすべて模造といっても否定はできない。（大泉 1997: 49–50）

このコラージュしかできないという諦観と、じぶんのオリジナルな人生で全体を束ねるという意志は、まことに自閉スペクトラム症的だ。自閉スペクトラム症があると、まわりから本来のあり方を非難され、矯正するように求められてばかりの人生になるから、他者に対する意識はある意味では奇妙に高まる。人や物の存在感に圧迫され、それらを模倣して同化しなければ滅ぼされる、という強迫観念が生まれる。自閉スペクトラム症には同一性保持の仕組みがあるから、じぶんの内部に侵入してきた雑多なものをまとめあげたいという強い欲求が生まれる。じぶんの人生を創作物へと再構築しながら、じぶんを圧迫してきたものの壮大なコラージュへと成形していく、という庵野作品が誕生する。

筆者は『エヴァンゲリオン』をテレビシリーズ（一九九五～一九九六年）、旧劇場版（一九九七年）、新劇場版四部作（二〇〇七～二〇二一年）とつねにリアルタイムで視聴してきたのだが、このシリーズの重苦しい歩みを振りかえるたびに、筆者自身のやはり重苦しく進んだ人生を優しく肯定された気分になる。庵野に対して最大級の感謝を表明せざるを得ない。

作品の完結を放棄したテレビシリーズの最終二話、それを世間に対する呪詛《じゅそ》的な感情を剥きだしにしつつ再構築した旧劇場版、逆に肯定的な感情をあふれさせながら改めて再構築した新劇場版の最終作『シン・エヴァンゲリオン劇場版𝄇』（二〇二一年）。庵野の心境は刻々とした変化を見せつづけたのに、導入されたテーマやモティーフに照らしてみれば、そこにはなんという基本的一貫性が保持されていたことだろうか。筆者は、『シン・エヴァンゲリオン劇場版𝄇』の公開を前作『ヱヴァンゲリヲン新劇場版：Q』（二〇一二年）から一〇年近く待ちつつ、庵野はきっと何から何まで斬新な内容を提示することによって、観客の度肝を抜こうとするだろうと予想していた。しかし、さまざまな新基軸と新鮮なアニメ表現の導入にもかかわらず、本質的にそこで示された内容は過去の二種類の完結編とほとんど同様の内容だった。庵野の「同一性保持」への「こだわり」は筆者の予想を大きく上回っていた。

一試合完全燃焼

高校を卒業する頃に刊行された『庵野秀明パラノ・エヴァンゲリオン』と『庵野秀明スキゾ・エヴァンゲリオン』を読みながら、筆者は庵野の生き方はどうしてこんなにもじぶんに似ているのだろうかと不思議で仕方なかったことを覚えている。庵野が語ったつぎの一説は、とりわけ筆者に食いこんできた。

基本的に僕の作りは『アストロ球団』なんですよ。一試合完全燃焼。ロッテと延々半年もかけて一試合戦っている。チーム自体も七人しかいない。終わった時は三人も四人も負傷している（笑）。次の試合は一体どうするのかわからない。とてもそんなんじゃリーグに出場できない。ロッテとでも全力でやる。ビクトリー球団戦は死人まで出ますからね。あれと同じですね。（大泉 1997: 28–29）

テレビシリーズで最終二話を「放棄」したあと、高校二年生だった筆者のまわりでも世間と同様に、この結末を厳しく非難する声があがっていた。しかし筆者は「やってくれた！」「やりやがった！」と興奮することしきりで、なぜ世間もじぶんの友人たちもあれを怒るのだろうかと訝《いぶか》しく思った。筆者の共感は、おそらく筆者自身が日常的にやらかしていることに似ていたからだろう。ギリギリまでじぶんを追いつめて、そのあと一気に弾ける。しかし、それは見苦しいという印象を与えようとも、本人としてはせめてもの打ち上げ花火なのだ。そのような仕方での「弁明まじりのサービス」なのだ。

竹熊　先程、こういう仕事はサービス業だっておっしゃってましたけれど、そのあとで、そのサービスを裏切るようなこと（ストーリーの放棄）をしてしまったことに、ご自分の中では矛盾を感じませんでしたか？

庵野 いや、あれが僕のサービスなんです（笑）。

竹熊 やっぱりね（笑）。

庵野 サービスに見えないけれど、サービスなんです。見えないサービス。怒るんだったら本気で怒らせようっていうのがありました。「なんだこの作画は！」って怒り方よりは、目の前のちゃぶ台をひっくりかえすような感情に持っていった方がなんかスッキリするだろうし。

大泉 ウチのかみさんは見事、それにはまってますね。

竹熊 精神崩壊を起こしたようなものだからね（笑）。

庵野 あと、こういうふうに話題になったでしょう、終わったあとも。そういう話題を提供することが僕の中でサービスだってことがある。前代未聞ですよ。これだけ作り込んでいて最後があれですから。

（大泉 1997: 33–34）

このような発言を読むとき、筆者は長編小説の結末を丸投げすることで有名な村上春樹と

『エヴァンゲリオン』との近さに考えを展開させてしまう。村上の「芸風」もまた理解されづらいが、オープンエンディングを全開にするという「サービス」なのだ。ただしそこには、自閉スペクトラム症の特性が濃厚に備わった者として、思いどおりに行かないと感じる場面が、定型発達者よりも多く体験されるという事情も関係している可能性がある。あるいは、自閉スペクトラム症の特性のひとつとして先読みの難しさが知られているから、そういうじぶんの特性を前衛芸術的な表現で昇華したものと見ることもできる。

ひとつにならない、ひとつになりたい

ここ最近の庵野が手がけてきた『エヴァンゲリオン』シリーズ、『シン・ウルトラマン』（二〇二二年）、『シン・仮面ライダー』（二〇二三年）には明白な共通点がいくつもある。すぐに眼につく問題としては、主人公がいずれも「コミュ障」として設定されているということがあるだろう。庵野自身の投影として筆者の心には大いに迫るものがある。

しかもこの三作に登場する外敵たちの独特の個性。『エヴァンゲリオン』の「使徒」、『シン・ウルトラマン』の「禍《か》威《い》獣《じゅう》」、『シン・仮面ライダー』の「オーグ」と呼ばれる外敵たちにせよ、いや『シン・ゴジラ』の「ゴジラ」の場合もそうだったが、人類に迫ってくる外

敵たちはみなそれぞれ自閉しているかのように単独で行動し、徒党を組んで襲ってくるようなことはしないし、自閉スペクトラム症を感じさせるような「コミュ障」ぶりを曝している。

もちろん本来的には、それは子ども向けの映画やテレビ番組の「お約束」でもある。毎回一体ずつ外敵が登場し、それをヒーローや人類側の対抗組織が迎撃する。だが、庵野はまさにその「お約束」にじぶんの自閉スペクトラム症的特性が共鳴するのを感じたのではないか。じぶんは孤独なヒーローのようなものでもあり、また他方で孤独な外敵のようなものでもあると。この点にも筆者は、庵野の生きている世界をじぶんのそれと同質のものとして見る思いがして、改めて感銘を受けざるを得ない。

そして付けくわえるならば、その感動は、アニメや実写作品の制作というものは、当然ながらチームワークで完成させていくものだという事実を思いおこすとき、なおさら深まる。『エヴァンゲリオン』旧劇場版と『シン・エヴァンゲリオン劇場版𝄇』では、群体としてのみ存立する人類をひとつの巨大な生命体として統合する「人類補完計画」の発動と失敗が描かれた。そこには庵野の欲望と拒絶感がどちらも定着されている。片方には、まるでじぶんを単体の完全生物として感じてしまいそうになる自閉性がある。そしてもう片方には、その孤独に苦しみ、他者との幸福な融合を果たしたいという自閉への倦怠がある。庵野が生きてきた人間の世界、つまり定型発達社会での困難を感じさせ、それが筆者の心を打ちつづける。『シン・ウルトラマン』で、地球人と融合した「外星人」のウルトラマンは、遅れた文明を生きている地球人を内側から理解しようとする。人間体の彼が『野生の思考』という本を読んでいる場面がチラッと映しだされるが、この書物はフランスの文化人類学者クロード・レヴィ＝ストロースが、西洋人から見た非西洋世界の思考モデルの異質さについて、公平さを期しつつ解説したものだ。地球人よりはるかに進んだ文明を生きてきたウルトラマンは、単体的完全生物に近しい存在で、先に述べたように強烈な自閉度を見せている。そうでありながら、群体として不完全に生きる地球人を理解しようと心を砕く。この構造は、人類補完計画の変奏だと言わなければならない。

　結末近くで地球人のために命を捨てようとするウルトラマンに向かって、同族の「ゾーフィ」が「そんなに人間が好きになったのか、ウルトラマン」と声をかけるのだが、映画館の客席にいた筆者は、思わず涙が流れるのを止められなかった。同作で脚本と監修を担当した庵野は、これまでに人間社会で体験してきたさまざまな生きづらさを思いめぐらせつつ、このセリフへと到達したのだと思った。このセリフには、全面的な人間肯定のメッセージが宿されている。

二〇二二年の夏、筆者は庵野の地元に位置し、『シン・エヴァンゲリオン劇場版𝄇』の告知用ポスターに景観が採用された山口県の宇部新川駅に足を運んだ。この一帯は観光地としては微妙すぎる、なんの変哲もない場所と言うしかない。しかし筆者に対する庵野作品の影響の大きさゆえに、去来する思いには筆舌に尽くしがたいものがあった。

第12章

日常剥離感

蜷川実花

1972年〜

蜷川《にながわ》実花《みか》

一九七二年、東京都東久留米市の出身。父は舞台演出家・映画監督として著名な蜷川幸雄。多摩美術大学を卒業後、一九九〇年代後半から独特の幻惑性で鑑賞者を陶酔させる加工写真作品を発表し、若い女性を中心に熱狂的な人気を博する。二〇〇七年の『さくらん』（安野モヨコ原作）で初の映画監督を務め、『ヘルタースケルター』（岡崎京子原作）、『Ｄｉｎｅｒ　ダイナー』（平山夢明《ゆめあき》原作）、『人間失格　太宰治と３人の女たち』などの映画作品を送りだす。二〇一〇年、女性アイドルグループのＰＶ映像としては過激なエロティシズムを有するとして話題になったＡＫＢ48の「ヘビーローテーション」は、蜷川が監督を務めた。写真集で被写体にした人物として麻生久美子、綾野剛、大島優子、大塚愛、斎藤工、土屋アンナ、中川翔子、成宮《なりみや》寛貴、松田翔太、松山ケンイチ、宮地真緒などがいる。

生きることのファンタジー

　蜷川実花の写真を初めて見たとき、筆者は「オレはほんとうはこのような写真を撮りたかったのだ」としきりに打ちのめされた。なぜ彼女の写真の様式は私のためにではなく、蜷川のためにあったのか。もちろん、それはほとんど嫉妬だったと言わなければならない。カメラに写された人や物から日常性が剥離したかのような色褪せた原色が露光している。極彩色なのにピンボケした幻想の時空。筆者は一時期、あくまで趣味のレベルで写真加工をやっていたけれども、それらは「蜷川のやり方を応用する」という方針だったことを覚えている。

　蜷川の作風は「女の子ウケ」するものとして一世を風《ふう》靡《び》したから、なんとなく軽薄なものだという印象を持っている人が多いのではないか。しかし蜷川と協働するスタイリストの長瀬哲朗は語る。

> 　彼女の世界観はファンタジー（幻想）に見えますが、僕はそれを「創られたファンタジー」ではなく、彼女にとってはそれが「リアルな世界」なのだと理解していて。僕はその「リアルなファンタジー」に標準を合わせた上で、やりたいことを乗っけた案を出します。（長瀬 2019: 56）

娯楽的な印象を与える蜷川の写真は、ほんとうのところは彼女の「実存」に関わっている芸術作品と言って良い。実存とは、日常に埋没しながら生きている状態から眼ざめ、本来の自己へと立ちかえることだ。蜷川はファンタジー的な空間によって、その日常が剥離した光景のなかで実存している。

メタモルフォーゼのための撮影

蜷川が一二歳のときに初めて撮影した写真は、鬼押出しの溶岩に置いたバービー人形だったという（斎藤 2008b: 52）。自閉的な趣味嗜好は折紙つきと言って良いだろう。蜷川は写真撮影によってじぶんの変身願望を実現する。キュレーターのサイモン・ベーカーとの対談で、蜷川は語っている。

> 例えば花を撮っているときは自分が花の気分になったり、昆虫の気分になったり、モチーフと自分が融合して混ざっていくような感覚になるんです。引いていれば客観性が持てるのですが、集中するとどんどん対象に寄っていって、主観的になっていきます。
> （蜷川 2018: 191）

いわばメタモルフォーゼのために撮影する。そうして本来のじぶんの自然なあり方を回復する。そこで起きている心理的メカニズムは、あきらかに解離と言うべきだろう。その解離の基盤には、主観が客観に遠慮することが難しい自閉スペクトラム症的特性が関わっていると推測される。他者と自己との日常的葛藤が、蜷川に解離をもたらしたと推測することができるからだ。写真集『アシッド・ブルーム』で、蜷川は詩的に表明していた。

> 自分が植物になったような気分になる時、／花にとまる小さな昆虫のような気分になった時、／そんな時にシャッターをきった。／意識がはっきりしている時に撮った花は、ただただ美しいだけで／花以上のなにかには、決してならなかった。／／花を撮るという行為は、私にとって、花以上のなにかになること。／／良い写真が撮れる時、私は必ず、この世とあの世の境目のような、／無意識な宙ぶらりんなところにいる。（蜷川 2003: 4)

この写真集で大写しにされた極彩色の植物はさながら人間の肉体のような印象を、他方で極彩色で飾りたてられた人々は大写しにされた花のような印象を与える。人と物とが並列される小津安二郎的あるいはオノ・ヨーコ的世界。それは結局、自閉スペクトラム症的な創作者が好む「分身」の創造技法でもある。分身によって、人と物とが等価になる。キュレーターのマティアス・ハーダーも、蜷川が映しだすものの等価性に言及しているから、その見解を見ておこう。

> 蜷川の作品の中では、全てのものが対等だ。〔略〕私たちは、魚や人形、山積みにされた食肉、花、そして人間たちが、クローズアップで切り取られ、分厚いページの中に直感的に配置され、それらが互いにぶつかり合いながら、入れ替わり立ち替わりに現れるのを目にする。（蜷川 2018: 180）

小津映画と蜷川写真が表面的に与える印象がどれだけ隔たっていたとしても、その具体的な趣味性が非常に異なっていたとしても、人と物が等価になるという点で内在的な原理は同質的という事実に、ほとんどの人は気がついていない。

蜷川は『さくらん』（二〇〇七年）、『ヘルタースケルター』（二〇一二年）、『Diner ダイナー』（二〇一九年）、『人間失格　太宰治と3人の女たち』（二〇一九年）といった映画作品で監督も務め、それら極彩色の画面の強烈さも話題になった。キュレーターの桜井武は『さくらん』について語る。

> 花魁《おいらん》たちと室内装飾は、限りなく典雅で蠱惑《こわく》の氾濫であった。レンズが捉える全てが新鮮で驚きに満ちた色と形を成している。均衡を保とうとする映像に、唐突に人や物が入り込み、見る者に衝撃を与える。それが破たんをきたすのではなく、バランスに厚みを持たせ、様式美をより強化していたのである。（蜷川 2018: 184）

この均衡美に満ちた映画の画面、人と物が拮抗している画面を小津映画の画面と比較するとき、私たちは映像技術の発展とともに、自閉スペクトラム症的特性の多様性をも実感することになる。小津と蜷川の映画を似ていると感じる人は稀にもかかわらず、両者はほとんど魂の双子と言えるような体験世界を有している。

収集と集中で溶ける

斎藤環との対談で、「撮影の対象を所有する感じはありますか？」と尋ねられた蜷川は、支配感というよりは、「コレクション箱に入れたぞ」という興奮があるのだと答えた。

> 「撮っておきたい病」というか。花が枯れてしまう前に、残しておきたい。永遠に残して完全に自分のものにしたいというよりも、撮って自分でも持っていたい、それがいっぱいあったら嬉しい。（蜷川／斎藤 2008: 39）

この発言に対して斎藤は「ブレッソン的な写真が所有、すなわち『持つ』行為であるとするなら、蜷川の写真は同一化、すなわち『なる』行為として対比できるだろう。そのためかどうか、彼女にはカメラに対するフェティシズムがほとんどない。機材のスペックや撮影技術に関しても、マニアックなこだわりがない。おそらく、それらはすべて、撮影対象と同一化する上では、障碍《しょうがい》にしかならないからだ」（斎藤 2008b: 55）と分析する。この見解に対して筆者は反対しない。むしろ追加すれば、その同一化の方法は自閉スペクトラム症の特性が強い人なりの懸命なコミュニケーションへの試みではないかと思う。また南方熊楠や宮沢賢治に関して指摘したように、自閉スペクトラム症にはしばしば強い収集癖が付属し、それが蜷川にも備わっている。思えば収集癖によって、私たちは集めたものたちと融合し、それを中核として全宇宙との融合を図っているのではないのか。

蜷川は、自閉スペクトラム症がしばしば話題にする過集中についても語っている。

> 本当に、すごく調子のよい時だけですけれど、感覚が研ぎ澄まされて、一つひとつ灯りを消すみたいに、まず周りの人が消えて、温度を感じなくなり、音が消えて、ファインダーの中の世界しか存在しないような感じになる時もあります。（蜷川／斎藤 2008: 45）

それが頻繁にではなく、「本当に、すごく調子のよい時だけ」に起こるのは、自閉スペクトラム症的な感覚過敏に揺さぶられながら、集中できずに生きている時間が多いからだろう。過集中によって私たちは宇宙と融合し、あらゆるものが一体となって息づいてゆく。

閉じた孤独

蜷川もまたオノ・ヨーコや庵野秀明などと同じく、その「こだわり」ぶりが多くの非難を招いてきた作り手に属する。筆者は蜷川の映画では『Diner ダイナー』が好みで、非常におもしろく観たが、この作品は原作（平山夢明『ダイナー』）のファンからは厳しく非難されてきた。原作のグロテスクな味わいを蜷川流の「女の子ウケ」する夢幻空間へと完全に変換しているからだ。

しかし私としては、その強力な自閉性をこそ愛おしく感じる。私たちの「自閉」は、しばしば「自己満足」として他者の怒りを買ってしまう。筆者は悲しい思いに浸りながら、私たちの心のありようがもっと広く知られるようになってほしいと願う。蜷川が継続的に個展を開催してきた渋谷パルコの近くを歩くとき、筆者はいつも蜷川のことを思いだす。この原稿を書いた日もそうだった。

第13章

空想上のリア充感

1973年〜

新海誠

新《しん》海《かい》 誠《まこと》

一九七三年、長野県出身。中央大学卒業後、ゲームソフト制作会社・日本ファルコムに勤務。自主制作アニメに熱中するようになり、退社して二〇〇二年に『ほしのこえ』を発表。ほぼひとりで作りあげた二五分のフルデジタルアニメーションは、衝撃をもって迎えられ、多数の賞を受賞した。それ以降はインディーズ・アニメの分野で活躍するようになったが、二〇一六年に公開した『君の名は。』は、当時、宮崎駿監督の『千と千尋の神隠し』に次ぐ日本映画歴代二位（現在は『劇場版「鬼滅の刃」無限列車編』と『千と千尋の神隠し』に次ぐ歴代三位）の興行収入（約二五〇億円）を叩きだし、新海を国民的映画監督の地位へと押しあげた。以後の映画作品『天気の子』（二〇一九年）、『すずめの戸締まり』（二〇二二年）はともに興行収入一〇〇億円を突破した。圧倒的な映像美と、昔ながらのジュヴナイル小説のような――かなりの照れくささを感じさせる――心理描写を特徴としている。

何者かになりたい

『ほしのこえ』（二〇〇二年）を初めて観たとき、大学院に入ったばかりの筆者を襲った衝撃は人生で最大級のものだった。監督、演出、脚本、美術、作画、編集などほとんどの工程が新海誠という人物ひとりでなされたアニメ作品。先行して作られたオリジナル版では、その新海が主人公の声すら担当していたと知って、さらに驚いた。宇宙の遠い星に出てロボットに乗り、地球外生命体と戦う少女と、地球上に残された少年の物語。「エヴァ・ブーム」から五年ほどが過ぎ、多くの人にとって『エヴァンゲリオン』は過去の流行と化していたが、筆者のようにうまく「卒業」できない者も多くいた（『ヱヴァンゲリヲン新劇場版』シリーズが始まるのは、それからさらに五年後だった）。

『ほしのこえ』は「エヴァ・ブーム」から始まった「セカイ系」を代表する作品のひとつとして認知されている。まだ何者でもなかった筆者は、この作品をわずか六歳上の人が作ったということに戦々恐々とした。六年後、じぶんは何かを達成できているだろうか。新海が『ほしのこえ』を作った二九歳になるまで、まるで時限爆弾を抱えているかのような不安感とともに生きていた。その二九歳の年に、常勤の大学教員として就職することができて、どれほど安堵したことか。結局はその時点で依然として何もなしとげてはおらず、それからも長いあいだ、何もなしとげられないまま歳を重ねていったとはいえ。

庵野秀明×村上春樹＝新海誠？

「セカイ系」について、社会学者の大澤真幸《まさち》は新海の『君の名は。』（二〇一六年）に言及しながら以下のように解説している。同作では地球に接近する彗星からの落下物、つまり隕石が大災害を起こすさまが描かれる。

> もともとは、君と僕との恋という小さな話と、世界の問題は、別の話です。『君の名は。』では、この本来は別の話が作品の中でくっ付いている。その接続に不自然さがあるのです。／なぜセカイ系では、この二つの話がくっ付くのでしょうか。／こうしたお話が接続して多くつくられて来たことの社会心理的な背景を考えると、そこには二つの欲望、二つの思いが込められている。／一つはもちろん、恋愛です。純粋な、もうこれ以上ありえないほど純粋な恋愛に対する憧れがある。／そしてもう一つ、この恋愛とは「とりあえず」別に、この世界の中で自分が何者かでありたい。自分が意味のある存在でありたい。世界の中で自分は自分でありたいという欲望がある。いわば「世界への欲

求」です。（大澤 2018: 301–302）

みごとに的を射た解説だ。セカイ系のブームは直接的には庵野秀明監督の『エヴァンゲリオン』から生まれたが、同作よりも先行して発表されていった村上春樹の小説も、新海作品に濃密な影を落としている。たとえば『ほしのこえ』で、ヒロインは「ねえ、わたしたちは、宇宙と地上に引き裂かれる恋人みたいだね」と語る。村上作品の主人公たちを連想させる語り口だ。

『ほしのこえ』の主人公は寺尾昇《のぼる》と名づけられていた。村上作品に何度も登場した渡辺昇（あるいはワタナベ・ノボル）へのオマージュだと考えて良いだろう。『彼女と彼女の猫』（二〇〇〇年）、『秒速5センチメートル』（二〇〇七年）などは、作品名からして村上的《ムラカミエスク》な雰囲気を漂わせている。新海は村上の有名な短編について語っている。

> 「4月のある晴れた朝に１００パーセントの女の子に出会うことについて」は、読まずとも諳《そら》んじることができるくらい好きな一編です。大学時代に出会って以来、僕の原風景の一つになってしまっていると思います。（新海 2016: 40）

一九八一年に発表されたこの短編小説は、運命的に結ばれた男女、つまりソウルメイトの存在を仄《ほの》めかす内容で、根強い人気がある。同じモティーフは村上作品としては長編小説『1Q84』へ発展したが、新海作品の世界観の基盤をも形成した。

感覚過敏と隔たり

新海作品が『エヴァンゲリオン』を父と、村上ワールドを母として生まれてきたにせよ、彼の作品が国民的人気を獲得するようになった最大の理由のひとつは、宮崎駿作品ばりの風景描写の美しさにあるはずだ。庵野作品や村上作品も自然描写にはすばらしいものがあるけれども、宮崎作品や新海作品は一段と突きぬけている。空、雲、雨、風、川、水田、田舎《いなか》町のみずみずしい描写が、観客の心を丹念にほぐしていく。アニメ評論の氷川竜介は、そのシズル感（五感を刺激して、購買意欲をそそるために広告に盛りこむ鮮烈な印象）めいたものが、新海の独特のダイナミックレンジ（露光可能な光の幅）によって実現していると指摘し、さらにこう解説する。

> さらに撮影も新海の美意識が結集した工程で、細かく指示するほか、自身で調整する力

> ットも多い。具体的にはディフュージョンフィルタで空気中の湿度感を出し光の射し込むところにはチンダル現象によるフレアを加え、場面によって空中粉塵《ふんじん》をアフターエフェクツ（AE）で加える。キャラクターに落ちるカゲ色もカットにより、明暗をコマ単位で調整している。空気、水分、光と総じて生命活動の根幹と密接に関わる加工が多い。これもまた、絵に生命を吹き込むアニメーションの一環と言える。（氷川 2017: 191）

筆者は新海の露光からあふれだすような虹色のきらめきを、自身の自閉スペクトラム症としての感覚過敏を的確に代弁してくれるものと感じている。たとえば筆者は、まわりの人々が平気にしている場面でも、頻繁にまぶしさを感じて眼を細めている。スマートフォンで風景写真を撮影するときには、そのまぶしい感じが画像に定着されていないことを嫌って、アプリを使って加工することで、光のぎらつきを表現したりするほどだ。新海がやっていることも、基本的にそれと同じことではないだろうか。空、雲、雨、風、川、水田、田舎町とは、大江健三郎の章で記した「みんな水の中」の世界とも言え、新海の『天気の子』（二〇一九年）では街が水没する。

ところで『君の名は。』で主人公を演じた俳優・神木隆之介は、新海作品の鍵を「距離」

の問題に見る。『ほしのこえ』では地球と宇宙の彼方のあいだ。『雲のむこう、約束の場所』（二〇〇四年）では、現実の少年たちと、眠りつづけ夢の世界に生きる少女のあいだ。『秒速5センチメートル』では遠距離恋愛。『星を追う子ども』（二〇一一年）では、地上世界と地下世界。『言の葉の庭』（二〇一三年）は年の差恋愛。『君の名は。』は夢を通じて出会った少年と少女の空間的および時間的距離（吉田 2016: 182–183）。「距離」の問題は、どんな人間関係にも出現する普遍性の高い問題だろうけれど、そのテーマを創作の中心に置いているのは、他者と自己のあいだに長大な距離を感じやすい自閉スペクトラム症の特性に関係があるのではないか、と筆者の想像力を刺激する。

「金太郎飴方式」のセルフオマージュ

文芸評論家の榎本正樹が書いた解説を読んでいると、予想外なことに大江健三郎、村上春樹、新海の創作に共通点があると述べられていた。この三者は自己言及的で自己批評的な作品の作り方をするという点で共通しているというのだ。我が意を得たり、と思った。筆者としては、まさにそのような「金太郎飴方式」の創作法は、この三者が自閉スペクトラム症の同一性保持へのこだわりを共有しているからだと思う。彼らはその特性を創作活動に昇華させたのだ。榎本は語る。

> 新海誠もまた自己言及的、自己批評的な作家である。新作が旧作の批評としてあるような「ズレを含んだ繰り返し」によって、表現世界を切り拓いてきた。特に『君の名は。』には、既存作品からの大きな変化を認めることができる。『君の名は。』で新海は、多くの人命が失われた自然災害を人命が救われた別の並行世界へと書き換えてしまう。これまでの新海であれば躊躇したはずの歴史改変を行っている。（榎本 2017: 187）

大江、村上、新海はそれぞれ別の文脈で、似たような作品ばかり作っていると揶揄されてきたが、そこには「ズレを含んだ繰り返し」が生みだすダイナミズムが宿っている。個々の作品がおもしろいという以上に、あるいは一部の作品の類似が退屈だという以上に、その世界観全体が強靭《きょうじん》な自閉性を立ちあげている。筆者はその迫力に魅せられてやまない。

日常と空想を結ぶレンズ

『君の名は。』が爆発的にヒットしている頃、作家の石田衣良《いら》はオンライン記事でこのように述べたことがあった。

> たぶん新海さんは楽しい恋愛を高校時代にしたことがないんじゃないですか。それがテーマとして架空のまま、生涯のテーマとして活きている。青春時代の憧れを理想郷として追体験して白昼夢のようなものを作り出していく、恋愛しない人の恋愛小説のパターンなんです。（神田2017）

新海ほどの成功を手中にしたことがない石田が嫉妬心からこのような発言をしたことは誰にでもわかることだが、新海は「スルー技術」が弱かったらしく、Xですぐさま反応した。

> 最近は実に様々なお言葉いただきますが、なぜ面識もない方に僕の人生経験の有無や生の実感まで透視するような物言いをされなければならないのか…笑。いやもう口の端にのせていただくだけでもありがたいのですけれど！（新海2017）

いわゆる「非モテ」の男性が、空想上の世界でじぶんの分身としての主人公を「リア充」

（現実世界で恋愛関係などが充実している人）として活躍させる。これは自閉スペクトラム症の特性が濃い上に、恋愛への憧れが強い男女にとって、まことにふさわしい創作表現と言うことができる。自閉スペクトラム症のある男性は、異星人的な印象を与えるために、よほど外見に恵まれないかぎり、「非モテ」の当事者として苦しむことが多い。私たちは新海の映像作品を見るたびに、慰めを与えられている。

筆者は『君の名は。』の舞台のモデルになったと言われる長野県（とりわけ諏訪湖）や立《たて》石《いし》公園を訪れたいと思いつつ、まだ果たせていない。東京の信濃町を訪れたときには、このあたりも『君の名は。』に出てきたなと思いつつ、一帯を散策してみた。映画のなかではキラキラしていたが、現実では東京の殺風景な街並みの一角に過ぎなかった。

第14章

ツッコミ待ち感

村田沙耶香

1979年〜

村《むら》田《た》沙《さ》耶《や》香《か》

一九七九年、千葉県出身。二〇〇三年、『授乳』が文芸誌『群像』（講談社）の新人文学賞を受賞し、デビュー。二〇〇九年、『ギンイロノウタ』で野間文芸新人賞受賞。二〇一三年、『しろいろの街の、その骨の体温の』で三島由紀夫賞受賞。二〇一四年、『殺人出産』でセンス・オブ・ジェンダー賞少子化対策特別賞受賞。二〇一六年、『コンビニ人間』によってデビューから一三年目にして、ついに芥川龍之介賞を受賞した。同作は純文学としてはたぐいまれな娯楽性を有し、日本国内でベストセラーになった上、各国語にも翻訳されて、全世界での累計発行部数が一〇〇万部を突破している。個性的なキャラクターが揃っている小説家の世界でも村田の個性はかなり光っているらしく、「クレイジー沙耶香」という異名を持つ。

ゴキブリはきれい

村田沙耶香の『コンビニ人間』（二〇一六年）を読んだとき、筆者は大江健三郎や村上春樹と同じくらいに共鳴できる新しい書き手に出会えるとはもはや期待していなかったのだが、と興奮を抑えられないでいた。筆者は村田と同年生まれだけれど、筆者は早生まれだから、村田は学年がひとつ下ということになる。

国際的な成功を収めた『コンビニ人間』は、自閉スペクトラム症者の体験世界を戯画的に描いてみせたかのような内容を示している。村田自身はそのような狙いを持っていなかったらしく、村田が参加したある国際シンポジウムをオンラインで視聴していたら、『コンビニ人間』が欧米で翻訳されたのちに、「これは自閉症の話だ」と指摘され、村田としては予想外だったので驚いたと言っていた。村田と『コンビニ人間』の主人公を重ね見る人は多いが、村田はその解釈に釘を刺す。

> 主人公と私は、全く違いますね。私は一から人物を作らないと書けないので、モデルはいないです。私も作家仲間から「クレイジー」と言われたことはありますが（笑）、それはラジオで朝井リョウ君が面白おかしく言ったのがみんなに広まってしまっただけで

……。でも作家の友だちはみんな変ですよ。小説はあくまで小説ですから。（村田 2016b: 404）

しかし、作者自身が好んで語ってきた「クレイジー沙耶香」の逸話は、やはり自閉スペクトラム症的な特性を感じさせる。人間界の一般常識（つまり定型発達社会の当たり前）がピンと来ないところなどは特にそうだろう。

子どものころ、ゴキブリをはじめて目にしたときに、「ピカピカしてきれい」と思って見ていたんです。そのとき両親が「汚い！　殺虫剤！」と殺気立った。それによって私の中に「ああ、この虫は汚らわしいんだ」という感覚が植えつけられた。（村田ほか 2016: 61）

このような浮世離れした個性のために、自閉スペクトラム症者はしばしば「ツッコミ待ち」をしているかのように誤解されるが、村田も同じようだ。

「ふつうっぽさ」に擬態する

作家・西加奈子との対談で、つぎのような場面がある。

西　海外旅行が怖すぎて、パスポートを腹巻きにいれてたんやっけ？

村田　盗難防止のために、服の下に巻くベルト状の貴重品入れを買ったんです。そのことを旅行の最初のほうで加奈子ちゃんに言ったら、帰りぎわになって「仲良くなったから言うけど、それ、おじいちゃんが使うやつやで」と。

西　初対面で、どこまでツッコミを入れていいかわからなかった。どこでキレるかもわからないから、北京にいる間じゅう沙耶香ちゃんを観察して、これは相当な人やなと確信したんです（笑）。（西／村田 2015: 31）

村田沙耶香とは、なんという愛らしい生き物なのだろうか。これが自閉スペクトラム症的ということだ。

自閉スペクトラム症者が好んで話題にする「ふつう」になるための「擬態」。自閉スペクトラム症の特性が周囲に与える違和感を身をもって体験しつづけた結果として、じぶんの自然な挙動を諦めて、観察したかぎりでの「ふつうっぽさ」を装いながら生きる。じぶんの魂に対する一種の殺害。それを多くの自閉スペクトラム症者と同様、子ども時代の村田も強いられていた。

> もともとは人目をすごく気にする子供で、普通になりたいとばかり思っていました。クラスのみんなに朝、挨拶するタイミングも、教室に入るときに「おはよう」か、机についてから「おはよう」がいいのかと悩みに悩んで、けっきょく黙って座ってしまうような感じだったんです。なにもかもうまくできないし、その自意識に苦しめられて、みんなを観察して真似っ子してできるようになりたかった。（西／村田 2015: 37）

命綱を握るイマジナリー・フレンド

このような擬態の試みと並行して、自閉スペクトラム症者の心にはしばしばイマジナリー・フレンドが棲みつくようになる。表面的には擬態しながら、イマジナリー・フレンドによってじぶんの心の最奥部だけは守ろうとするのだ。しかし、その数が村田の場合、尋常ではない。

> 私、イマジナリーフレンドが幼少期から30人くらいいるんです。とくに親しい人が4人、特別な存在が1人います。私は危ういところがある子どもでした。だから、命を守るためにイマジナリーフレンドが現れました。もし誰かに「イマジナリーフレンドなんて実在しないよ」って言われたらショックのあまり死んでしまうくらい、今も命と連結させています。（村田／佐伯 2021: 118）

村田にとってはイマジナリー・フレンドが心を崩壊させないための防波堤として機能した。しかも、それらはどうやら地球人の姿を取っていないらしい。というのも村田は、多くの人生体験を「イマジナリー宇宙人」とともに体験してきたと語るからだ。虚実が織りまざった報告なのかもしれないが、耳を傾けておく価値はある。

> 初恋も、初めてのキスも、デートも、初めてのかくれんぼも、家族のように笑い合って一緒に眠るのも、全部、イマジナリー宇宙人が相手だった。／私はそうした時間を持つことを、42歳の今になるまで続けている。けれど、イマジナリー宇宙人のことを、明確には誰にも話したことがない。現実逃避だと言われ、笑われ、もしも「治され」てしま

い、イマジナリー宇宙人たちを失ってしまったら、私は死ぬのだった。心を回復する唯一の場所を壊されたら、人間は死ぬ。だから誰にも言わなかった。生き延びるために。

（村田 2022: 94–95）

私たちは村田の自閉度をどこまでも称えなくてはならない。彼女は私たち自閉スペクトラム症者の新しいアイコンになりうる人物なのだ。

「うまく人間ができない」

イマジナリー・フレンドが地球外生命体のかたちを取っているのは、なぜなのだろうか。おそらく地球外生命体のように扱われることの多い自閉スペクトラム症者にとって、地球上で地球外生命体と連帯することが、生きのびるための技法になるからではないだろうか。つまり地球人的なイマジナリー・フレンドとの連帯では頼りないからではないだろうか。村田は学校生活を振りかえる。

学校は恐ろしい場所だった。異物はすぐに発見され、集団から迫害され、嘲笑《ちょうしょう》の対象

> になった。私は、誰よりも平凡な地球人になりたかった。それは、宇宙人であることがばれないように、用心深く地球人を演じ続ける宇宙人の姿と少し似ていた。違うのは、私はどこまでも地球人だということだった。私が帰る星はどこにもなかった。／私が「イマジナリー宇宙人」と出会ったのは、このころだった。私は8歳くらいだったと思う。（村田 2022: 93）

村田はこの感覚を創作の動機にしつづけてきた。そこから、庵野秀明が『エヴァンゲリオン』を通して人類補完計画を構想したのと同様に、人間とは何かという根本的な疑問に突きあたる。二〇一一年の長編小説『ハコブネ』に関して、村田は語る。

> 『ハコブネ』で書きたかったのは、「人間であるということ」そのものについての疑問だった気がします。「うまく人間ができない」感覚が子どものころずっとあって、いろんなひとを観察して、それっぽく振る舞おうとしたりしていました。話しかけられても「これに対する人間としての〝普通の回答〟を述べよ」と言われている感じで「人間としての普通のリアクションはこうだから」みたいに考えていました。そういう感覚が、

ひょっとしたら今でもあるのかもしれなくて、それを書いてみたんだと思います。（村田／市川 2011: 322）

「うまく人間ができない」と子どもの頃から感じていた。つまり「擬態」をしようとしても、うまくできなくてもがき、苦しんだ。多くの自閉スペクトラム症者に共通する原体験だ。この苦悩の反映でもあるだろうけれど、村田の作品には人間道徳に対する独特の突きぬけがある。作品のモティーフとして人肉嗜食《ししょく》が好んで選ばれるのは、その疎外感の、つまり規格外の存在、怪物的な存在と見なされがちだった経験の文学的表現ではないだろうか。『地球星人』（二〇一八年）のヒロイン・奈月について、村田はつぎのように解説する。

奈月は、私の作品の主人公にしては割と普通の感覚を持っている子なんだと思う。例えば『コンビニ人間』の古倉さんとは違って、作品の冒頭ではむしろ地球星人寄りだよね。でも、大人になったあと夫の智臣《ともおみ》から「君は、ポハピピンポポピア星人だ」と言われ、覚悟が決まってくる。それに、夫からそう言われたことで、奈月はこの人のことは絶対に裏切れない、愛さなければとも思ったはずなんです。途中まで、私は智臣が食べられ

> てしまうというエンディングも考えていて、実際にお互いの身体の一部を食べさせてもいるんだけど、でも全部は嫌だなという気持ちもあった。（村田／西 2018: 171）

村田作品は性的に過激という性質もあって、『殺人出産』（二〇一四年）に収められた「トリプル」では、男二人女一人や女二人男一人で恋人関係を作るという、カップルならぬトリプルのあり方が語られる。『消滅世界』（二〇一五年）では、生殖のための性行為と快楽のための性行為が分けられた世界が描かれ、夫婦間の性交渉は異常とされている。これらの性的奔放さに関して、村田には南方熊楠、与謝野晶子、オノ・ヨーコ、大江健三郎らに通底する感覚がある。

しかし村田が独特なのは、この性的なテーマに人肉嗜食へのこだわりが絡まってくることだ。『星が吸う水』（二〇一〇年）に収められた「ガマズミ航海」で、主人公の女性は生きた人間から肉片を取りだして、じぶんの膣でしゃぶりたいと願っている。『生命式』（二〇一九年）の表題作では、葬式の際に死んだ人間をおいしく調理して食す儀式が描かれていて、集まった男女は妊娠を目的として相手を探し、交わりあう。怪物的な存在のように見なされつづけ、やがてその周囲からの視線をみずからのうちに取りこんでしまって、内面化してしまうという悲劇。それが村田沙耶香という作家にある。

「ホモ・コンビニエンス」として生きること

ところで、性的なテーマを選んでいるからといって、村田の作品が「淫靡《いんび》」な印象を与えるかと言えば、まったくそうではない。むしろそのエロティシズムは、既存の性的規範に搦めとられやすい女性性に対する忌避感と裏合わせになっているため、アンチ・エロティシズムのようなものと交錯している。その点で、性的なものへの無関心や中性性を感じさせる与謝野晶子や宮沢賢治の仕事は、村田作品と精神が通いあっている。村田は語る。

> 小さいころから、「自分は女だ」という意識がすごく強かったんです。テレビなんかで女性の裸が「価値あるもの」扱いされているから、自分も成長したらそういう目で見られる物体になるんだと思ってました。あと、兄がいたせいで「沙耶香ちゃんは女の子だから」と許されていると意識することもしばしばあって。それが、三年生のときにお兄ちゃんみたいな先生が担任で、家族っぽい「性別がない状態」を体験して、天国みたいに感じたんです。（村田／市川 2011: 326）

この現実上の性別を回避しようとする解放を求めるあまり、村田はじぶんを地球の延長と感じ、星のかけらと見なすようになったと語る。村田らしい奇想天外さだが、言い分を聞いてみよう。

> 「星」を意識することで「人間という枠組みから解放されるよ」と言われたとき、小さいころからの苦しみだったぶん、解放の一番うれしい部分として「性」があったんだと思います。ほんとうは「家族」はじめ様々に苦しみがあって、いろんなことから解放されたいはずなんですが……性別からの解放の欲求が、人間であることからの解放の欲求よりも前からあったのかもしれません。(村田／市川 2011: 331)

ここから私たちは性的なニュアンスを帯びない『コンビニ人間』の女性主人公が、その労働環境にあたるコンビニエンスストアによって性的なものから解放される、という村田の着想の重要性を理解できるようになる。村田は自身のコンビニ店員としての体験をつぎのように振りかえる。

> ファミリーレストランでアルバイトしたこともあるんですが、やっぱりコンビニで働くのが好きで、今もコンビニで働いています。ファミレスでのバイトは、ストッキングをはかなくてはいけなかったり、きれいな立ち方をしていなくてはならなかったりと、女でいなくてはいけないんです。でもコンビニはどんなにガニ股になって重い荷物を持ち上げていても許される（笑）。性別がなくて、ただの店員としていられる場所なんです。
> （村田 2013: 196）

このような狙いを踏まえると、『コンビニ人間』の英訳として採用された *Convenience Store Woman*（『コンビニエンスストア女』）には、疑問が高まる。原題の『コンビニ人間』は、「人間」として女性性を剥奪されている点が、作品のキモと連動していると考えられるからだ。日本文学に関するある国際会議で、参加者のひとりが最適な英題は *Homo Convenience*（『ホモ・コンビニエンス』）だと発言し、歓声があがったという逸話はおもしろい（辛島 2021: 78）。『コンビニ人間』は新しい人類の物語だ。コンビニ労働に最適化し、才能を十全に発揮する自閉スペクトラム症者の物語。

「宇宙人の目」が欲しい

一般的に自閉スペクトラム症の特性が強い人はじぶんの世界に閉じこもりがちだが、自己のそうした特性を自覚し、克服しようとする事例も本書では繰りかえし見てきた。むしろそのような努力がないと、創作者として活躍するのは難しいだろう。そのための理想の視点が、村田の言う「宇宙人の目」ではないか。村田と西加奈子は語りあう。

村田　言ってみれば私は、自分の脳の外に行きたくて小説を書いているんです。脳だけで考えている限りは無理だけど、物語の力を借りると外に出られるんじゃないかと思いながら。

西　沙耶香はその欲求が人一倍強い気がする。

村田　幼少期からなんだよね。私はとにかく世の中の本当を知りたいと思っているだけなのに、たぶん自分の脳が邪魔をしているんです。いつの間にか知識や既成概念が植え付けられたことで、見えなくなっている世界があるんじゃないかな。それらを全部取っ払った「宇宙人の目」が欲しいとずっと願っていて。

（村田／西 2018: 171–172）

この健やかな欲求を私たちは全力で応援したい。つくづく残念なのは、自閉スペクトラム症的特性を共感性への困難という点からサイコパス的特性と混同する人が一定数いることで、『コンビニ人間』が芥川賞を受賞した際、選考委員の島田雅彦が同作に送ったコメントはそれを如実に表している。

> セックス忌避、婚姻拒否というこの作者にはおなじみのテーマを『コンビニ人間』というコンセプトに落とし込み、奇天烈《きてれつ》な男女のキャラを交差させれば、緩い文章もご都合主義的展開も大目に見てもらえる。巷には思考停止状態のマニュアル人間が自民党の支持者くらいたくさんいるので、風俗小説としてのリアリティはあるが、主人公はいずれサイコパスになり、まともな人間を洗脳してゆくだろう。（島田 2016: 395）

異質に見える他者をサイコパスとしてかんたんに烙印を押し、その文学的感受性の偏りには無自覚でいる。このような作家は、はたして「まともな人間」の側に立っていると言えるのだろうか。

村田にゆかりのある場所をどこか訪れてみたいと思いつつ、「ぜひここに！」という場所が思いうかばなかったため、とりあえず東京都町田市の中心部を歩きまわってみた。村田が卒業した玉川大学のキャンパスがある一帯だ。村田が一九年間働いていたというコンビニがこの街にあるのかどうか筆者はまったく知らない。それでも、ＪＲ町田駅周辺でコンビニを眼にするたびに、「もしやここがそうだろうか」などと想像をめぐらせるのは、楽しかった。自閉スペクトラム症者らしい楽しみ方で、心地よい数十分だった。

第15章　UFO感

最果タヒ

1986年～

最果《さいはて》タヒ

一九八六年、兵庫県神戸市に生まれる。京都大学在学中の二〇〇七年、第一詩集『グッドモーニング』を刊行。新しい世代の感覚を体現する詩風が評価され、従来は詩を読まなかった層にも多数の読者を獲得していった。小説にも積極的に挑戦し、イラスト・美術・映像などとのコラボレーションにも意欲を見せる。自作の詩を使ったシューティングゲーム「詩ューティング」のような奇想天外な作品も得意とするところ。一貫して顔出しをおこなっておらず、「覆面詩人」として活動。写真に写るときは本などで顔を隠し、対応している。筆名の由来は「タヒ」が「死」の隠語であることから――「死」には「タ」「ヒ」が含まれているように見えるのが理由――、それを意識してつけたものだと考える人が多いものの、最果自身は偶然の一致としてこの見解をかたくなに否定している。

発達障害者と精神疾患のグラデーション

「あなたは発達障害者として、最果タヒさんの作品に発達障害的な印象を受けますか」と尋ねられると、「確信できることは何もない」と答えるしかない。語り口の際立った幼女っぽさ、「メルヘンチック」で「メンヘラチック」なテーマ性は「なんとなくそれっぽい」と感じさせる。最果が書く言葉は、私が知る「発達仲間」の女性たちのものにとても似ている。しかし「覆面詩人」の最果は、発言内容にも覆面をかぶせているかのようで、捉え方が難しい。なにより現在は発達障害に関する言説が世にあふれているから、慎重な創作者だと「この人は当事者だ」と見なされないために、「発達障害者っぽくない」発言を心がけることも珍しくないだろう。

かつて「精神疾患である／でない」、あるいは「精神的に健常である／でない」は質的差異として捉えられていた時代が長く続いた。つまり精神疾患は、ここからが異常でここからが正常と白黒をつけやすいものだった。しかし現在は、自閉スペクトラム症の「スペクトラム（連続体）」の概念が象徴するように、「精神疾患である／でない」、あるいは「精神的に健常である／でない」は量的差異として捉えられている。つまり、精神疾患の特性は当事者から健常者まで濃淡のついたグラデーションのようなものとして共有されていて、明確にそのうちの誰が異常で誰が正常かは診断をくだす精神科医の解釈に左右される面が大きいということだ。DSM-5では「統合失調スペクトラム症」という概念も導入されたし、境界性パーソナリティ障害や自己愛性パーソナリティ障害といった各種のパーソナリティ障害も、スペクトラムの問題と考えられるようになった。

かんたんに言えば、以前なら「ちょっと変わった人」「なんだか不思議ちゃん」として健常者の側に入れられていた人たちが、「精神疾患の傾向」という投《と》網《あみ》に引っかかるようになってきているのだ。

セカイ系とエモさの自閉性

このような議論は最果には迷惑なものかもしれないと考えると、思考すること自体をためらってしまう。彼女の発言を確認してみよう。

> エモい、という言葉がここ数年よく使われるようになって、私の詩も「エモい」とよく言われるようになりました。ちなみにそのまた前は「セカイ系」と言われました。「エモい」という言葉が台頭してからは、随分と言われなくなりました。「エモい」と「セ

カイ系」、意味は結構違うはずだし、単純に言葉のブームが移り変わっただけにしか思えない。結局その言葉が私の詩にぴったりきているとかそういうわけではなくて、ただ「今よく使われる形容詞」に合うほどにはその詩が「今」と同期しているというそれだけなのだと思います。（最果 2021: 123–124）

セカイ系と呼ばれ、エモいとも形容された先は「自閉スペクトラム症的」か、と最果はうんざりするかもしれない。自閉スペクトラム症を診断された者として、最果の文体や世界観への好意を「自閉スペクトラム症的」という言葉で伝えようとする筆者は、屈折しすぎているだろうか。

最果が「セカイ系」と呼ばれたのは、その文体が庵野秀明監督による『エヴァンゲリオン』のキャラクター・綾波レイを連想させるニュアンスを帯びていたからだろう。綾波は非常に自閉スペクトラム症的な人物造形をされていて、自己と周囲の世界との断絶感が少女的な未成熟さによって表象されている。最果の作品はそれと似たような質感を持っていたため、「セカイ系」の作品ということになり、のちには日常レベルの問題として再解釈され、「エモい」と称賛された。しかし「セカイ系」にせよ「エモい」にせよ、いずれにしても自閉スペクトラム症的体験世界の表現形式と言える面がある。セカイ系と自閉スペクトラム症の関係については新海誠に関して書いたことだが、自己と世界の断絶が自己の懸命で涙ぐましい努力によって解消されるときこそ、「エモい」という感情は最大級に発露されることを指摘しておきたい。

「共感できない」と「共感しない」のあいだ

自閉スペクトラム症と言えば、共感能力の欠落が頻繁に話題になる。マンガ家の石黒正数との対談で、最果はその「共感」の問題について私見を述べている。

> 登場人物に共感することが、本当に必要なのかな、と思うことが昔から多かったんですよね。もちろん偶然に共感できたらそれはうれしいけど、共感しましょうって手をさしのべたものを受け取って喜ぶのはおかしいと思っているんです。〔略〕みんな同じ人間なんだよ、みたいなのがキモいと感じてしまう。（石黒／最果 2017: 42）

まさにここには、自閉スペクトラム症の特性としての「共感」の困難さが語られているのではないだろうか。最果は「そうではない、共感しようと思ったらできるが、あえてやらないだけだ」と反論するかもしれない。しかし、そのようなスタンスを取るのが、知的水準の高い「共感しない」自閉スペクトラム症の常態と言っても良い。先に引用した最果の語り口の自閉性にも、筆者は胸が熱くなってしまう。

　さらに最果は自作小説『渦森《うずもり》今日子は宇宙に期待しない。』で、主人公の設定を天才キャラで他者に共感できない者としている。石黒がその設定を称賛したところ、最果はつぎのように応答する。

> 一時期ネットでなにを書けばいいのかわからなくて自分が宇宙人であるという体《てい》で文章を書いていたことがあって、これはその名残《なごり》なんです。宇宙人なら世のなかのニュースに反応しなくていいし、みんなにもわかってもらえなくてもいい。小説もその名残で書けば面倒臭い説明とかしなくても済むと思ったというのもあったかもしれませんね。
> (石黒／最果 2017: 43)

最果はじぶんを地球外生命体になぞらえたことを、方法上の問題として提示しているが、それはおそらく彼女の従来の体験世界を満足させるものだった。ここには村田沙耶香のイマジナリー・フレンドとしてのイマジナリー宇宙人ときわめて近しい感受性が表現されていると言うべきだろう。思えば筆者にしても、若い頃のある時期には、地球外生命体の眼差しを持って執筆しようと考え、そのような書き方に向けてじぶんを訓練しつづけた。そのやり方を身につけられれば、じぶんが感じ、考えるものを格段に的確に表現できるようになるという予感に包まれながら。

擬態せずにセカイと向きあう

自閉スペクトラム症と言えば、これまで何度も確認してきたように基本的な素質が「コミュ障」だ。最果はじぶんの周囲に発生してきたコミュニケーションの問題について、以下のように述べている。

> 何一つ伝わってないな、と思うことは多かった。話し方が下手なのか、コミュニケーション能力の問題か、教室で友達と話していても、私の言いたいことはほとんど伝わっていない、と思うことが多かった。友達の言いたいことも、たぶん私は理解できていない。

でも、その場のノリとか、勢いとか、そういうものによって会話は流されて、一言一言を精査することなんてない。いや、そんなの誰ももう求めていないのだ。「あ、それいいよね」「わかる」「まじそう」そう繰り返していくことで、時間も一緒に流れていく。一緒に話していれば、一緒にいれば、それだけで湧く親しみというのがあって、たとえ友達の言いたいことがわかっていなくても、友達はそれでも私と一緒にいたいと思ってくれるし、私もそれでいいと思っていた。（最果 2019）

表面的穏便さを重視する定型発達的コミュニケーションに対して自閉スペクトラム症の特性が強い者が混乱し、苛立つというのは、非常に多くの場面で発生する事態だ。そのようなストレスの多大な世界で、私たちは「擬態」せざるを得ないようになっていく。最果のつぎの発言は、この「擬態」の過程を説明しているように思われる。

最適化されていく。みんなにわかるように話すことで、みんなの知っている言葉を使うことで、その言葉に合わせるように自分という人間も、最適化されていく。みんなに「わかりやすい」人間になる。場を壊さない人間になる。でも、それだけだ。場の要素

> でしかない私。ここに自分がいたっていなくたって、同じだと思った。誰にだって共感される人間なんて、すべてが「わかって」もらえる人間なんて、そこにいる意味がないとも思った。全く別の家で、全く別の人生を生きてきて、わかるはずなんてないのに。「わからなさ」にこそ自分があると、思うのに。それなのにそれらすべてを捨ててしまっている気がした。「わかる」と言ってもらいたいがために。でも私は、やっぱり人は、「わからないけれど、でも、なんか好きだよ」「なんか嫌いだよ」、そういう感情でつながっていくものだと思った。だから、きっと、話し言葉以外の「言葉」を探し始めたのだろう。（最果 2019）

「擬態」せずに、素《す》のままのじぶんを守りながら世界と向きあおうとする最果。そこにはまちがいなくセカイ系的な荒涼たる展望が広がり、極上の「エモさ」がたゆたっている。

戦場としての中動態

このように最果のさまざまな発言を追っていくとき、筆者は最果の詩を初めて読んだときに感じた衝撃の理由を納得しはじめた。筆者も当初、彼女の詩を「セカイ系」のものとして受けとめた。第一詩集『グッドモーニング』（二〇〇七年）の巻頭に置かれた「0」は、筆者にとって驚きだった。筆者の世代がじぶんたちの世代の気分として受容するようになった「セカイ系」の感覚が表現されているのに、それが次世代に所与のものとして引きつがれることで、もはや筆者の世代は「最新の若者世代」から脱落したのだ、と二〇代後半だった筆者は動揺したのだ。

支配されていたものに戻ってきて
いまこれを
かき始めている
視界と
言葉をひきはがして

裸でいました
ひきずりながら、赤い土がひろがる砂漠にいました
遠くで重いいきものの、足音が聞こえ、

いつもなにかがつぶれる音が次いで聞こえていました

わたしの口元には食べた
いきものが三匹、復活をして、
それがこれからのわたしを操作する
指の隙間から海があふれ出て、
それからすべてが溺れるだろう
わたしの裸で、そこを泳ぐ

言葉にすることが
すべてを
台無しにし
わたしが
ここからでていくことを不可能にする

海は鏡だ
その日、わたしはわたしの、溺れている体を見る
わたしの指の隙間
海があふれ出て、
わたしはそこに吸い込まれながら、
やっと
言う
これはなんだ

支配されていたものに戻ってきて
いまこれを
かき始めている
わたしの知っている言葉に
あの場所を
とらえることはできない

気づかれないようにしている
体が
わたしになにかを
見せることを拒否しているが
わたしをまだ
殺させはしない

（最果 2007: 8–10）

この詩の詠い手は、「砂漠のような場所」を抜けたのに、いまいる場所は「支配されていたものに戻ってき」たと説明されることから、そこは理想郷でもなければ、安心安全の場でもないことが示されている。自由や能動性への渇望と、不自由感や受動性という現実への直面が繰りかえして表明され、自閉スペクトラム症の生きる中動態的世界を表現している。中動態とは、國分功一郎の議論によって広まった問題系で、古代ヨーロッパの言語では能動態と受動態ではなく、能動態と中動態という一対が存在したと説明される。能動とはプロセスを始動させる態で、中動はプロセスの内部にある態だ。日本語にも中動態は存在し、たとえば「見る」や「聞く」は能動態、「見られる」や「聞かれる」は受動態、「見える」や「聞こえる」が中動態だ。

　結論から言えばどんな人間も、いやどんな生命体でも能動性、受動性、中動性をそれぞれ備えているはずだが——たとえば心臓の鼓動や食べ物の消化活動、眼のまばたきなどは能動でも受動でもなく中動だろう——、自閉スペクトラム症者は大多数の人間と共鳴しづらいために、「いつのまにか特殊な状況に入ってしまっている」と感じる機会が多く、それだけに際立って中動態的な性質を帯びていると思われる。先に引用した詩はその中動態と、その状態を脱けだそうとする能動性とが戦っている状況を描いていると解釈することができるのではないか。

現代詩と創作と自閉スペクトラム症

　最果が短編小説集『少女ABCDEFGHIJKLMN』——この書名もコミュ障的でとても良い！——に書きつけたつぎの一節を読むとき、筆者はふたたび最果と村田沙耶香の比較をしたくなるが、それは男性の体を持って生まれた筆者にはいささか荷が重い。

きみがご存じなくったって、きみを殺せば、私はきみを身ごもるんだ。可《か》愛《わい》く育ててあげる。そうしていつか、きみが私に殺された日のこと、思い出してくれたなら、殺してくれたっていい。きみの恋人になりたいと思ったぐらいに、きみの子供になってみたいと、思った日もあるよ。（最果 2016: 21）

筆者は他大学から京都大学の大学院に進学し、大学院生として二〇代半ばの五年間を過ごした。その終わりの時期に、この大学に在学しているという最果の詩が話題になっているのを知って、詩集を初めて読んだ。そして筆者は純粋に感動した。この大学の学部生にはともに学ぶ後輩が何人もいたが、しばらくすると非常勤講師として学部生の授業を担当する機会も持つようになった。こんな感じで最果も学んでいたんだな、と推測するのは楽しいひとときだった。筆者の教え子たちには、たくさんの「プチ最果タヒ」がいそうだな、とも思った。

最果の作品を読むと、現在の筆者はたしかに自閉スペクトラム症の特性を感じるのだけれど、それでは「自閉スペクトラム症の特性をまったく感じさせない現代詩って、存在するのか」と尋ねられると、筆者は無言になってしまうかもしれない。そのような現代詩はむしろ存在しないかもしれない。現代詩というジャンルそのものが自閉的で、それはこのジャンルの支え手が多くの場合、自閉スペクトラム症的特性を有するがゆえにそうなのだ、ということではないか。

しかしそのように考えると、筆者の想念は続いて創作の全ジャンルにも及んでいきそうになる。そもそも自閉スペクトラム症の特性をまったく感じさせない創作というのは、どのくらい存在するのだろうか。もちろん、あるにはあるのだろう。しかし、創作とはそもそも優れて自閉スペクトラム症的な営為ではないのだろうか。筆者にはこの問いに答えるための覚悟がまだない。

第16章

春色の白昼夢感

1991年〜

米津玄師

米《よね》津《づ》玄《けん》師《し》

徳島県徳島市で一九九一年に生誕。奇妙な印象の名前だが、本名。二〇〇九年前後から「ハチ」として活動し、インターネット上で作品を発表。知る人ぞ知る「ボカロP」として、カリスマ的な人気を誇った。二〇一二年に本名を名義としたアルバム『diorama』でインディーズとしてデビューし、翌年にはメジャーデビューを果たした。二〇一八年に発表した「Lemon」は同時代を代表する曲となり、二年連続でBillboard Japan Hot 100の年間チャート首位を記録。同曲は現在（二〇二三年一二月）までに、YouTube上での再生回数が八億回を突破している。二〇一六年に発表した「LOSER」も再生回数が三億回を突破している。一億回を突破した曲は多数。米津は、現代日本のポップミュージックをもっとも象徴する人物のひとりとなっている。

顔を出さずに自分を出すこと

　米津玄師と言えば、まずは「Lemon」という曲を思いだす人が多いだろう。Billboard JAPANは、ＣＤセールス、ラジオでのオンエア状況、デジタル・ダウンロード数、動画再生数、カラオケでの歌唱回数などを総合して音楽チャートを発表しているが、二〇一八年と二〇一九年で連続して一位を獲得したのが、この「Lemon」だった。米津にそれほど興味がなくても、きっとその頃、映像媒体や街中で頻繁に耳にしただろう楽曲だ。

　米津は二〇〇九年前後から、いわゆる「ボカロＰ」（Ｐはプロデューサーのこと）の「ハチ」として活動を開始し、人気を得た。ボカロＰとは、ヤマハが開発した音声合成技術「ＶＯＣＡＬＯＩＤ」やその類似製品を駆使して楽曲を作り、動画投稿サイトに投稿するインターネットユーザーのことだ。音楽ジャーナリストの柴那典《しばとものり》の解説によると、「米津玄師の存在は、日本のポピュラー音楽に生まれた全く新しい文化現象の象徴とも言える」「ネットカルチャー発の才能がポピュラー音楽の世界のスターになったことは、その後の潮流の変化に大きな影響を与えることになる」「ＹＯＡＳＯＢＩも、いわば〝米津玄師以降〟の時代を象徴するユニットと言っていい。作詞作曲を手掛けるAyaseは、もともとバンドで活動していたがなかなか日の目を見ず、身体の不調もあってボカロＰに転身して音楽活動を行なっていたアーティストだ」（柴 2021: 175）。

米津が開いた日本の新しい音楽動向の流れの上に、ボカロＰの楽曲を顔出しなしで歌唱する「うっせえわ」（二〇二〇年）などのAdoや、「アイドル」（二〇二三年）によって、Billboard The Global Excl. U.S. top 10（アメリカ以外の地域の楽曲のチャート）で日本語の楽曲として初めて一位を獲得したＹＯＡＳＯＢＩの活動が生まれてきた。

ところでこの「顔出しをしない」という文化は、とても発達障害の特性を持ったミュージシャンと相性が良いのではないだろうか。自閉スペクトラム症のコミュ障ぶりを巧みに隠せるからだ。筆者は「ボカロＰ」や彼らの曲を歌う人々には、発達障害の特性の強い人が潜んでいるのではと感じるときが多い。

「テープレコーダー」と伏線回収

本書で取りあげた人々は、いずれも発達障害の診断を受けていない人々、正確にはそのようには表明していない人々だったが、米津は異なる。二〇一五年に音楽雑誌『ロッキング・オン・ジャパン』の長編インタビュー企画で、米津とインタビュアーはつぎのように語りあっている。

米津　単純にどんどんどんどんきつくなっていきましたね。外国人の中に日本人ひとりみたいな感覚はそこからもずっと続いていくし、その対処法も構築することができなくて、今でもすごい覚えているんですけど、「米津くんて同じことしか言わないよね」みたいなことを言われて、ショックを受けたことがあって。

――精一杯の対処法なのにね。

米津　うん。俺は人と話す時に、何を返していいかわかんないから、たぶん同じ言葉で相槌を打ってたんですよね。「そうなんだ」とか、詳しくは覚えてないんですけど。だから、どうしたらいいの？　っていう感覚が、すごくありましたね、その時。

アメリカの自閉スペクトラム症者テンプル・グランディンは、あまりに同じ内容を繰りかえすため、「テープレコーダー」というニックネームをつけられたことを報告している（サックス 1997: 37）。ドイツの自閉スペクトラム症者アクセル・ブラウンズは、メレンゲを意味する「ベゼー」や蒸気ローラーを意味する「ダンプフヴァルツェ」を文脈を無視してしょっちゅう口にしていたこと、母親からオウムじゃないんだからやめるようにと叱られたことを回想している（ブラウンズ 2005: 27–30, 45, 193）。このような同語反復は自閉症研究では「エコラリア」と呼ばれる。さらに米津とインタビュアーの対話を聞いてみよう。

――こういう言い方するとひどいかもしれないけど、相当重症だったんだね（笑）。

米津　重症でしたね。何を返すと相手が喜ぶかとか、会話っていうのが成り立つか、まったくわかんなくて。日常会話のしょうもない話題を投げかけられたところで、相手に返したい言葉なんてひとつもないんですよ。だけどそれっぽい言葉を投げかける必要がある、でもそれが何かわかんない。こんな難しいことを人はあたりまえのようにやってるんだなって考えた時に、自分はものすごいバカな人間なんだなって。で、答え合わせじゃないんですけど、二十歳過ぎてから自分は高機能自閉症と医者に診断されて、その時初めて合点がいきましたね。

――それまで自分は得体の知れないモンスターにしか思えなかったけど、ちゃんと病名を言われて腑に落ちたという。

米津　すべてにちゃんと理由があったんだなってわかりました。

（米津 2015: 59–60）

高機能自閉症とは、DSM-4-TR（『精神疾患の診断・統計マニュアル』第四版追加修正版）までの診断基準で、知的障害を併発していない自閉スペクトラム症者に与えられていた診断名だけれども、いずれにしてもその診断を得て米津には発達界隈でしばしば話題になる「伏線回収」が起こった。「なぜじぶんの関わる出来事だけがこんな展開になる？」というさまざまな人生経験に対して、根源的な回答が与えられたのだ。そうして米津はじぶんを「モンスター」のように感じる呪いから解放されもした。発達障害の診断がいかに有益か、よくわかる逸話と言って良い。

二一世紀の「青い人」

しかし、米津の作品はいったいどのくらい自閉スペクトラム症的なのだろうか。発達障害の当事者たちが発信する内容や制作した作品が、何から何まで「いかにも発達障害的」と言えないのと同様に、米津の楽曲にしても、どれでもがいかにも発達障害的とはさすがに言えない。なにより発達障害者はふだんから必死に定型発達者を擬態しているのだから、知能水準が高ければ「定型発達ぶりっ子」は巧みになる。定型発達者への擬態によって得た定型発達的な世界体験の魅力に、発達障害者が魅了されることだって大いにある。「Lemon」の歌詞を見てみよう。「あの日の悲しみさえ／あの日の苦しみさえ／そのすべてを愛してた／あなたとともに」。

この切実な恋愛歌に自閉スペクトラム症の傾向を読みとろうとするのは、かなり無理があるだろうか？　しかし、歌詞は以下のように続く。「胸に残り離れない／苦いレモンの匂い／雨が降り止むまでは帰れない／切り分けた果実の片方の様に／今でもあなたはわたしの光」。新海誠の章で述べたように「光」に意識が収斂していくさまは、かなり自閉スペクトラム症の特性を感じさせるのだ。自閉スペクトラム症者は嗅覚や触覚が過敏な傾向もあるので、「苦いレモンの匂い」や「雨」自体も「それらしい」語彙に属する。

「パプリカ　花が咲いたら／晴れた空に種を蒔《ま》こう／ハレルヤ　夢を描いたなら／心遊ばせあなたにとどけ」。音楽ユニット・Foorin（フーリン）に提供した「パプリカ」はいっそう普遍性が高い歌詞に見える。しかし「心遊ばせ」は、頑固な気質が強く、「心遊ばせ」ることが不得意な自閉スペクトラム症者にとっては、ひとつの理想の状態と言えるはずだ。また「花」や「晴れた空」といった強烈な印象の視覚的対象に意識が全面的に向いている印象も、自閉スペクトラム症的と言えなくもない。

米津は石牟礼道子とは別の仕方で、宮沢賢治の後継者という位置づけにある。米津はスタジオジブリのプロデューサー・鈴木敏夫との対談で、宮沢賢治の作品を「すごく好き」と語る。

> 宮沢賢治の『春と修羅』の「小岩井農場」という作品のところの最後の何節かがすごく好きで。「この不可思議な大きな心象宙宇のなかで　もしも正しいねがひに燃えて　じぶんとひとと万象といつしよに　至上福祉にいたらうとする　それをある宗教情操とするならば　そのねがひから砕けまたは疲れ　じぶんとそれからたつたもひとつのたましひと　完全そして永久にどこまでもいつしよに行かうとする　この変態を恋愛といふ」というのがすごい好きで。それこそナウシカの言った「闇の中でまたたく光だ」みたいなものと同じベクトルで自分の中の生きていく上での大事な指針になっている言葉なんですけど。（米津／鈴木 2015: 25）

米津が話題にしている『風の谷のナウシカ』でのセリフは、宮崎駿の原作マンガでクライマックスに現れたものを指している。いずれにせよ、米津のこの文学趣味を知っておくと、「海の幽霊」は賢治の例の「青い人」の世界観と通底するのではと推測されてくる。賢治は友人宛の葉書で「私の世界に黒い河が速にながれ、沢山の死人と青い生きた人とがながれを下って行きまする。青人は長い手を出して烈しくもがきますがながれて行きます。青人は長い長い手をのばし前に流れる人の足をつかみました」と書き、『春と修羅』の「序」で「わたくしといふ現象は／仮定された有機交流電燈の／ひとつの青い照明です（あらゆる透明な幽霊の複合体）」と詠っていた。つまり米津はじぶんの受動的な――あるいは最果タヒのところで述べた中動態的な――身体感覚を「海の幽霊」の歌詞に込めて歌っているのではないか。「星が降る夜にあなたにあえた／あの夜を忘れはしない／大切なことは言葉にならない／夏の日に起きた全て／思いがけず光るのは／海の幽霊」。

シュールに単刀直入に

米津の作品は、シュールな印象と単刀直入さの混交ぶりが魅力と言って良い。なかでも「ポッピンアパシー」は、より直接的に自閉スペクトラム症の体験世界を表現している印象がある。「アパシー」とは無気力や無関心のことで、必ずしも自閉スペクトラム症者だけが「アパシー」を体験するわけではないものの、記憶の独特さや不注意から起こる失敗の多さに特徴がある私たちは、「アパシー的人間」の代表格と言える。「簡単なことすらもう覚えてない／今どうしようもないほど／間違いでいっぱい／頭の中ペンキ溢してしまったのさ／明確な意志もなかったなら／今感情もなにもが信用にならん／ここがどこかさえわからないままでいる」。

発達障害があれば――自閉スペクトラム症者のみならずADHD者も――この歌詞の内容がじぶんの頭のなかのカオス状態を表現してくれたものと感じることができる。別の曲「KICK BACK」で歌われる内容は、発達界隈でも人気を博し、歌詞の『止まない雨はない』より先に／その傘をくれよ」という部分は、𝕏で流通するネットミームによく登場する。『止まない雨はない』より先に／その傘をくれよ／あれが欲しい／これが欲しい／全て欲しい／ただ虚しい／幸せになりたい／楽して生きていたい／全部滅茶苦茶にしたい／何もかも消し去りたい」。

発達障害者の賛歌と呼んで良いような内容だ。どれだけ多くの発達障害者が、カラオケで米津の歌を熱唱していることだろうか。本名での活動を始め、顔出しありになった時代の曲に比べると、ボカロP「ハチ」時代に送りだされた曲は、「中二病的」な世界観と、おもに女性声優の声を利用したボーカロイドの「アニメ声」によって、より自閉スペクトラム症的特性を感じさせると言えそうだ。「マトリョシカ」ではこうだ。

「あなたと私でランデブー？／ランデブー？／あらま飛んでったアバンチュール？／足取り歪んで1,2,1,2／ああ、吐きそうだ／私の全部受け止めて／ああ、その両手で／受け止めて」。

　このような世界観には、イギリスのマザー・グースの影響が感じられる。マザー・グースとはイギリスの童謡で、ルイス・キャロルの『不思議の国のアリス』にも「ハンプティ・ダンプティ」などのかたちで導入されていたと言えば、思いあたる人も多いだろう。シュールレアリスティックな味わいが、現在の日本でも根強い人気を保つ。そのメルヒェン的でもあり、シュールレアリスム的でもある世界観は、自閉スペクトラム症の体験世界にとって親和性が高いものだと筆者は考える。どうしても周囲から浮いてしまい、浮世離れした人間として生きていく私たちは、ほとんどメルヒェンやシュールレアリスム芸術のなかに生きているような存在だからだ。「Mrs.Pumpkin の滑稽な夢」は、なおさらその特徴が色濃い。

「手を繋ごう　二つは許された／巡りつく　管の中／〝優性劣性死屍累々？〟／ほら　即売会　群《むら》んだ　蟻の中／まだ眠る　お月様」。

　これはほとんど日本語でマザー・グースの世界を拡張していると言って良い。他方で「ワンダーランドと羊の歌」は、その曲名からして村上春樹の長編小説『世界の終りとハードボイルド・ワンダーランド』『羊をめぐる冒険』を意識していることは明らかだ。村上の作品もまたシュールさと単刀直入さが同居しているという点で、きわめて自閉スペクトラム症的だ。「なんでもない様な顔して犬／ご機嫌損ねてる『バウワウ』と／今日はレイニイデイ／屋根の上で少女が泣き濡れては／林檎飴を舐めて空を見た／今日はレイニイデイ」。

米津の作品世界には大きな白昼夢がふくらんでいる。しかしそれは私たちをジリジリと焦がし、追いつめていくような白昼夢ではなく、メルヒェンの甘やかさがたっぷり染みこんだ春色の白昼夢なのだ。この世界観に多くのファンが魅了されてやまない。

米津が二〇一八年末に『ＮＨＫ紅白歌合戦』に出演したときに舞台会場とした大塚国際美術館には、もう一〇年くらい足を運んでいない。あの荘厳なシスティーナ・ホールをまた観ておきたいけれども、米津ファンが聖地巡礼の場所として押しかけているだろうか。

あとがき

　多岐にわたる人物を扱った本書をなんとか書きおえられて、ホッとしている。私は送りだすどの本も全力で書いてきたが、この本はじぶんのうちなるある種の限界を超えてしまったという実感がある。それを実現できたのは、なんと言っても担当してくれた編集者・江口裕太さんの献身的なコメントの成果だ。こんなに有能な編集者がまだ二五歳、大学を卒業して光文社に入社してから一年と少し（本書作業開始時点）だとは恐ろしいことだ。異例のことだとは思いつつ、本書を江口さんに献げたい。

「はじめに」でも述べたように、本書で提示した当事者批評は、あくまで筆者が内側から体験した世界の表明であって、精神科医の「診断」とは本質的に異なる。そのことは最後に改めて強調しておきたいと思う。それでも本書が読者のみなさんになんらかの刺激を与えるものになっていたら、とてもうれしい。

　本書に収録した論考のうち、大江健三郎に関するものは「脳の多様性から見た大江健三郎作品——当事者批評の実践」として『ユリイカ』２０２３年7月臨時増刊号（総特集・大江健三郎 1935-2023）に発表したものを改稿している。ほかはすべて書きおろした。

　本書は日本学術振興会の科研費（基盤研究C）「発達障害者による文学読解の可能性とポスト病跡学としての当事者批評の構築」（研究代表者・横道誠、２０２３年４月〜２０２６年３月）の研究成果の一部として刊行される。

　多くの読者に届くことを願いつつ。

横道　誠

二〇二四年一月　京都にて

版用語監修)、高橋三郎／大野裕（監訳)、医学書院。 ※典拠表示はAPA
Starkey, Arun, “Yoko Ono’s favourite John Lennon song of all time,” Far Out, March 2nd 2022（https://faroutmagazine.co.uk/yoko-onos-favourite-john-lennon-track/）

本文中で引用、言及、または参照を指示したものに限定した。

與謝野晶子『定本與謝野晶子全集』第17巻（評論・感想集4)、講談社、1980年d

吉川壽洋「和歌山中学」、松居竜五／田村義也（編）『南方熊楠大事典』、勉誠出版、2012年、190-192ページ

吉田憲司「岡本太郎と民博：70年万博の遺産《レガシー》の現在《いま》」、『季刊民族学』165号、2018年、8-21ページ

吉田大助「神木隆之介×新海誠　『君の名は。』対談　新海誠の言葉を語る〝声〟」、『ダ・ヴィンチ』2016年9月号、KADOKAWA、180-183ページ

米津玄師「米津玄師　半生のすべてを語った、最初で最後の2万字インタヴュー」、『ロッキング・オン・ジャパン』2015年11月号、48-72ページ

米津玄師／鈴木敏夫「子供にとって音楽は祝福でなければならない」、『熱風』2018年8月号、4-34ページ

米本浩二『評伝石牟礼道子――渚に立つひと』、新潮社、2017年

米本浩二「道子さん、海底の宮から」、『追悼　石牟礼道子――さよなら、不知火海の言魂』、河出書房新社、2018年、17-21ページ

笠智衆『大船日記――小津安二郎先生の思い出』、扶桑社、1991年

ラヴジョイ、アーサー・O『存在の大いなる連鎖』、内藤健二（訳）、晶文社、1975年

レイン、R. D.『ひき裂かれた自己――分裂病と分裂病質の実存的研究』、阪本健二／志貴春彦／笠原嘉（訳）、みすず書房、1971年

渡辺京二「石牟礼道子の世界」、石牟礼道子『苦海浄土』、講談社文庫、1972年、305-325ページ

American Psychiatric Association（編）(2023)『DSM-5-TR　精神疾患の診断・統計マニュアル』、日本精神神経学会（日本語

ク！ラム役に選ばれた意外な理由とは？【めざまし未公開インタビュー・後編】」、『フジテレビュー!!』、2022年10月6日(https://www.fujitv-view.jp/article/post-701835/?amp)
柳田國男『柳田國男全集』第32巻、筑摩書房、2004年
山口昌男『文化と両義性』、岩波書店、1975年
ヤマダトモコ「萩尾望都2万字ロングインタビュー　わたしのマンガ人生」、『文藝別冊　萩尾望都』、河出書房新社、2010年、10-33ページ
横道誠『みんな水の中――「発達障害」自助グループの文学研究者はどんな世界に棲んでいるか』、医学書院、2021年
横道誠『イスタンブールで青に溺れる――発達障害者の世界周航記』、文藝春秋、2022年a
横道誠『ある大学教員の日常と非日常――障害者モード、コロナ禍、ウクライナ侵攻』、晶文社、2022年b
横道誠『ひとつにならない――発達障害者がセックスについて語ること』、イースト・プレス、2023年a
横道誠『グリム兄弟とその学問的後継者たち――神話に魂を奪われて』、ミネルヴァ書房、2023年b
横道誠『村上春樹研究――サンプリング、翻訳、アダプテーション、批評、研究の世界文学』、文学通信、2023年c
横道誠『解離と嗜癖――孤独な発達障害者の日本紀行』、教育評論社、2023年d
與謝野晶子『定本與謝野晶子全集』第9巻（詩集1）、講談社、1980年a
與謝野晶子『定本與謝野晶子全集』第10巻（詩集2）、講談社、1980年b
與謝野晶子『定本與謝野晶子全集』第14巻（評論・感想集1）、講談社、1980年c

村上春樹『村上さんのところ——コンプリート版』（電子書籍）、フジモトマサル（挿画）、新潮社、2015年
村田沙耶香『星が吸う水』、講談社、2010年
村田沙耶香「第26回三島由紀夫賞受賞記念インタビュー　世界を肯定する場所へ」、『新潮』2013年7月号、新潮社、190-197ページ
村田沙耶香『殺人出産』、講談社、2014年
村田沙耶香『消滅世界』、河出書房新社、2015年
村田沙耶香『コンビニ人間』、文藝春秋、2016年a
村田沙耶香「受賞者インタビュー バイトは週3日、週末はダメ人間です」、『文藝春秋』2016年9月号、400-405ページ（b）
村田沙耶香『地球星人』、新潮社、2018年
村田沙耶香『生命式』、河出書房新社、2019年
村田沙耶香『信仰』、文藝春秋、2022年
市川真人（聞き手・構成）「インタビュー村田沙耶香　小説を書いて、『解放』へ向かう」、『すばる』2011年12月号、322-337ページ
村田沙耶香／佐伯啓思「特別対談　ウイルスとしての人間」、『ひらく』第5号、2021年、110-122ページ
村田沙耶香／武香織（構成）／本社写真部（撮影）「インタビュー『普通』という感覚に一石を投じる作品を書いていきたい　芥川賞をとっても、コンビニ店員に早く戻りたい理由」、『婦人公論』2016年10月11日号、60-62ページ
村田沙耶香／西加奈子「人間の外側へ　対談」、『新潮』2018年10月号、新潮社、165-176ページ
村中直人『ニューロダイバーシティの教科書——多様性尊重社会へのキーワード』、金子書房、2020年
めざましテレビ「『うる星やつら』新旧レジェンド声優が本音トー

松本敏治『自閉症は津軽弁を話さない――自閉スペクトラム症のことばの謎を読み解く』、福村出版、2017年
南方熊楠『南方熊楠全集』第2巻（南方閑話・南方随筆・続南方随筆）、平凡社、1971年a
南方熊楠『南方熊楠全集』第7巻（書簡1）、平凡社、1971年b
南方熊楠『南方熊楠全集』第8巻（書簡2）、平凡社、1972年
南方熊楠『南方熊楠珍事評論』、長谷川興蔵／武内善信（校訂）、平凡社、1995年
南方文枝「父熊楠のプロフィール」、飯倉照平／長谷川興蔵（編）『南方熊楠百話』、八坂書房、1991年、226-228ページ
南方文枝「追想」、『新文芸読本　南方熊楠』、河出書房新社、1993年、160-164
宮沢賢治『新校本宮澤賢治全集』第2巻上（詩［I］本文篇）、筑摩書房、1995年a
宮沢賢治『新校本宮澤賢治全集』第8巻上（童話［I］本文篇）、筑摩書房、1995年b
宮沢賢治『新校本宮澤賢治全集』第10巻上（童話［III］本文篇）、筑摩書房、1995年c
宮沢賢治『新校本宮澤賢治全集』第15巻上（書簡本文篇）、筑摩書房、1995年d
宮沢賢治『新校本宮澤賢治全集』第15巻下（書簡校異篇）、筑摩書房、1995年e
宮沢賢治『新校本宮澤賢治全集』第6巻上（詩［V］本文篇）、筑摩書房、1996年
宮沢賢治『新校本宮澤賢治全集』第13巻上（覚書・手帳本文篇）、筑摩書房、1997年
ムジール、ローベルト『特性のない男』第6巻、高橋義孝／浜田正秀訳、新潮社、1966年

本評論社、2003年
萩尾望都『ポーの一族』(1)-(5)、小学館、1974-1976年。
萩尾望都『マンガのあなた SFのわたし――萩尾望都対談集 1970年代編』、河出書房新社、2012年a
萩尾望都『物語るあなた 絵描くわたし――萩尾望都対談集 1990年代編』、河出書房新社、2012年b
萩尾望都『一度きりの大泉の話』、河出書房新社、2021年
蓮實重彦『監督小津安二郎』増補決定版、筑摩書房、2016年
東田直樹『自閉症の僕が跳びはねる理由――会話のできない中学生がつづる内なる心』、エスコアール出版部、2007年
氷川竜介「日本製アニメーションの特徴と新海誠作品」、『新海誠展――「ほしのこえ」から「君の名は。」まで』、朝日新聞社(編)、美術出版社、2017年、188-191ページ
平野暁臣『岡本太郎――芸術という生き方』、あかね書房、2018年
福山庸二「九州時代の萩尾さん」、『テレビランド増刊 イラストアルバム⑥ 萩尾望都の世界』、徳間書店、1978年、48-49ページ
福島章『不思議の国の宮沢賢治――天才の見た世界』、日本教文社、1996年
藤田直哉『シン・エヴァンゲリオン論』、河出書房新社、2021年
ブラウンズ、アクセル『鮮やかな影とコウモリ――ある自閉症青年の世界』、浅井晶子(訳)、インデックス出版、2005年
マイ、カタリーナ「みだれ髪考――その改変(ヴァリエーション)、改作(ヴァリアンテ)をめぐって」、『国語国文』、京都大学文学部国語学国文学研究室(編)、48(10)号、1979年、1-15ページ
マッハ、エルンスト『感覚の分析〈新装版〉』、須藤吾之助/廣松渉訳、法政大学出版局、2013年。

vs ウルフランド』、徳間書店、1984 年
竹熊健太郎（編）『庵野秀明パラノ・エヴァンゲリオン』、太田出版、1997 年
竹宮惠子『少年の名はジルベール』、小学館、2016 年
田中眞澄（聞き手）、「インタヴュー　桜むつ子　バーのマダムと飲み屋の女将」、『文藝別冊　小津安二郎　永遠の映画〈増補新版〉』、河出書房新社、2020 年、136-142 ページ
田中優子『苦海・浄土・日本――石牟礼道子　もだえ神の精神』、集英社、2020 年
谷川健一／中上健次「知識の散財・想像力の解放」、『新文芸読本　南方熊楠』、河出書房新社、1993 年、39-46 ページ
谷川健一／南方文枝「父　南方熊楠を語る」、『新文芸読本　南方熊楠』、河出書房新社、1993 年、144-150 ページ
長瀬哲朗「蜷川実花とは“欲望”であり、“女神”である」、『Commercial photo』2019 年 10 月号、玄光社、56 ページ
中野久夫『現代マンガの心的世界』、新評社、1981 年
中野翠『小津ごのみ』、筑摩書房、2008 年
西加奈子／村田沙耶香「対談　思春期と創作」、『小説 TRIPPER』2015 年秋季号、朝日新聞出版、30-43 ページ
蜷川実花『アシッド・ブルーム――蜷川実花写真集』、エディシオン・トレヴィル／河出書房新社、2003 年
蜷川実花『虚構と現実の間に』、パイインターナショナル、2018 年
蜷川実花／斎藤環「『過去』から『今』へ」、『美術手帖』2008 年 11 月号、30-45 ページ
萩尾望都「作者自身が語る人気まんが家のすべて　萩尾望都の世界」、『週刊マーガレット』1976 年 34 号（8 月 15 日号）、115-119 ページ
野火ノビタ『大人は判ってくれない――野火ノビタ批評集成』、日

斎藤環「エヴァの呪縛、その成立と解放」、『「シン・エヴァンゲリオン」を読み解く』、河出書房新社編集部（編）、河出書房新社、2021年a、4-21ページ
斎藤環「発達障害当事者の感覚世界」、『日本経済新聞』2021年6月5日（土）朝刊、28面（b）
最果タヒ『グッドモーニング』、思潮社、2007年
最果タヒ『少女ABCDEFGHIJKLMN』、河出書房新社、2016年
最果タヒ「『わからなさ』に『人』が宿る 最果タヒが書きたい言葉」、anan NEWS、2019年2月12日（https://ananweb.jp/news/216030/）
最果タヒ『神様の友達の友達の友達はぼく』、筑摩書房、2021年
サックス、オリヴァー『火星の人類学者——脳神経科医と7人の奇妙な患者』、早川書房、1997年
シェフ、デヴィッド『ジョン・レノン&オノ・ヨーコ　プレイボーイ・インタヴュー1980完全版』、山川真理（訳）、シンコーミュージック・エンタテイメント、2020年
柴那典「米津玄師、YOASOBI——音楽界の地殻変動　ネットが生み出す才能とメガヒット」、『中央公論』、2021年7月号、170-177ページ
島田雅彦「不本意な結末」、『文藝春秋』2016年9月号、393-394ページ
新海誠「みなさまの質問にお応えいただきました」、『君の名は。Pamphlet vol.2: Collection of interviews』、東宝映像事業部、2016年、35-41ページ
新海誠（@shinkaimakoto）、X、2017年1月5日
鈴木志郎康『萩尾望都　マンガの魅力』、清山社、1978年
高橋治『絢爛たる影絵——小津安二郎』、文藝春秋、1982年
高橋留美子／平井和正『語り尽せ熱愛時代——ルーミックワールド

唐澤太輔『南方熊楠――日本人の可能性の極限』、中央公論新社、2015年

神田憲行（取材・構成）「石田衣良氏の年頭所感　『新海誠氏と宮崎駿氏の違いは』」、NEWSポストセブン、2017年1月4日（https://www.news-postseven.com/archives/20170104_480184.html?DETAIL）

神田秀昭「南方マンダラ」、松居竜五／田村義也（編）『南方熊楠大事典』、勉誠出版、2012年、39-45ページ

グランディン、テンプル『自閉症の才能開発――自閉症と天才をつなぐ環』、カニングハム久子（訳）、学研、1997年

黒沢清／青山真治「特別対談　なぜ小津安二郎なのか――小津マネはしたけれど」、『文藝別冊　小津安二郎　永遠の映画〈増補新版〉』、河出書房新社、2020年、74-87ページ

國分功一郎『中動態の世界――意志と責任の考古学』、医学書院、2017年

小谷真理ほか『別冊NHK　100分de名著　時をつむぐ旅人　萩尾望都』、NHK出版、2021年

譽田亜紀子「土偶としての《太陽の塔》」、『季刊民族学』165号、2018年、44-46ページ

斎藤環「『性愛』と『分裂』」、『宮沢賢治研究Annual』18号、宮沢賢治学会イーハトーブセンター編集委員会（編）、2008年、114-129ページ（a）

斎藤環「カメラと、『世界』と、関係すること」、『美術手帖』2008年11月号、52-56ページ（b）

斎藤環（編著）『母と娘はなぜこじれるのか』、NHK出版、2014年a

斎藤環「サンデーとは高橋留美子である」、『ユリイカ』、2014年3月号、青土社、110-114ページb

大江健三郎『小説の方法』、岩波書店、1978 年
大江健三郎『大江健三郎全小説』第 1 巻、講談社、2018 年 a
大江健三郎『大江健三郎全小説』第 3 巻、講談社、2018 年 b
大江健三郎『大江健三郎全小説』第 5 巻、講談社、2018 年 c
大江健三郎『大江健三郎全小説』第 7 巻、講談社、2018 年 d
大澤真幸『サブカルの想像力は資本主義を超えるか』、角川書店、2018 年
緒方正人『チッソは私であった』、葦書房、2001 年
緒方正人『チッソは私であった――水俣病の思想』、河出書房新社、2020 年
岡本太郎『岡本太郎の宇宙 1　対極と爆発』、山下裕二／椹木野衣／平野暁臣（編）、筑摩書房、2011 年 a
岡本太郎『岡本太郎の宇宙 2　太郎誕生』、山下裕二／椹木野衣／平野暁臣（編）、筑摩書房、2011 年 b
岡本太郎『岡本太郎の宇宙 3　伝統との対決』、山下裕二／椹木野衣／平野暁臣（編）、筑摩書房、2011 年 c
岡本太郎『岡本太郎の宇宙 4　日本の最深部へ』、山下裕二／椹木野衣／平野暁臣（編）、筑摩書房、2011 年 c
岡本太郎「私と人類学――パリ大学民族学科のころ」、『季刊民族学』165 号、2018 年、30-31 ページ
小津安二郎『小津安二郎――僕はトウフ屋だからトウフしか作らない』、日本図書センター、2010 年
オノ・ヨーコ『ただの私』、飯村隆彦（編訳）、講談社、1986 年
オノ・ヨーコ『今を生きる』、集英社インターナショナル、2014 年
ガーランド、グニラ『ずっと「普通」になりたかった。』、花風社、2000 年
辛島デイヴィッド『文芸ピープル――「好き」を仕事にする人々』、講談社、2021 年

文献一覧

阿川佐和子／鈴木清順「阿川佐和子のこの人に会いたい　第 649 回　映画を面白くするためにアノ手コノ手を使う。それがどうもいけないらしいんですね　映画監督　鈴木清順」、『週刊文春』2006 年 10 月 5 日号、文藝春秋、142-146 ページ

浅田彰『逃走論——スキゾ・キッズの冒険』、筑摩書房、1984 年

綾屋紗月／熊谷晋一郎『発達障害当事者研究——ゆっくりていねいにつながりたい』、医学書院、2008 年

石黒正数／最果タヒ「右投げと左投げのキャッチボール」、『ユリイカ』2017 年 6 月号、青土社、36-50 ページ

石牟礼道子『石牟礼道子全集・不知火』第 14 巻（短編小説・批評）、藤原書店、2008 年

石牟礼道子『石牟礼道子全集・不知火』第 16 巻（新作能・狂言・歌謡ほか）、藤原書店、2013 年

石牟礼道子『葭の渚——石牟礼道子自伝』、藤原書店、2014 年

石牟礼道子『石牟礼道子全詩集』完全版、石風社、2020 年

伊藤弘了「2018 年に名監督・小津安二郎の“狂気”がバズった理由　動画より先に静止画があった」、文春オンライン、2018 年 11 月 4 日（https://bunshun.jp/articles/-/9552）

梅棹忠夫（編）『民博誕生　館長対談』、中央公論社、1978 年

榎本正樹「共苦＝Compassion の文学——新海誠の表現世界」、『新海誠展——「ほしのこえ」から「君の名は。」まで』、朝日新聞社（編）、美術出版社、2017 年、184-187 ページ

大泉実成（編）『庵野秀明スキゾ・エヴァンゲリオン』、太田出版、1997 年

大江健三郎『死者の奢り』、文藝春秋新社、1958 年

横道誠（よこみちまこと）

1979年生まれ。大阪市出身。文学博士（京都大学）。現在、京都府立大学文学部准教授。専門は文学・当事者研究。単著に『みんな水の中』（医学書院）、『唯が行く！』（金剛出版）、『イスタンブールで青に溺れる』（文藝春秋）、『発達界隈通信』（教育評論社）、『ある大学教員の日常と非日常』（晶文社）、『ひとつにならない』（イースト・プレス）、『解離と嗜癖』（教育評論社）、『グリム兄弟とその学問的後継者たち』（ミネルヴァ書房）、『村上春樹研究』（文学通信）が、共著に『当事者対決！ 心と体でケンカする』（世界思想社）、『海球小説』（ミネルヴァ書房）、編著に『みんなの宗教2世問題』（晶文社）、『信仰から解放されない子どもたち』（明石書店）がある。

創作者《そうさくしゃ》の体感《たいかん》世《せ》界《かい》

南《みな》方《かた》熊《くま》楠《ぐす》から米《よね》津《づ》玄《けん》師《し》まで

2024年2月29日初版1刷発行

著　者 ── 横道誠

発行者 ── 三宅貴久

装　幀 ── アラン・チャン

印刷所 ── 萩原印刷

製本所 ── ナショナル製本

発行所 ── 株式会社光文社
東京都文京区音羽1-16-6(〒112-8011)
https://www.kobunsha.com/

電　話 ── 編集部03(5395)8289　書籍販売部03(5395)8116
業務部03(5395)8125

メール ── sinsyo@kobunsha.com

ISBN 978-4-334-10222-7

光文社新書

1295

創作者の体感世界
南方熊楠から米津玄師まで

横道誠

天才たちの仕事を読み解く鍵は、発達障害に通じる特性が握っていた？　発達障害と診断された文学研究者が、自身の「感」と「知」で文献を渉猟。「障害」の意味を読み替える「当事者批評」実践の書。

978-4-334-10222-7

1296

大江健三郎論
怪物作家の「本当ノ事」

井上隆史

大江健三郎とは何者だったのか——。「奇妙な仕事」『万延元年のフットボール』『沖縄ノート』など、その作品世界を丹念に追うことで、いまだ明らかになっていない大江像を探る。

978-4-334-10223-4

1297

嫉妬論
民主社会に渦巻く情念を解剖する

山本圭

隣人が、同僚が、見知らぬ他人が羨ましい——。苦しく、みっともない感情にどうしてこうも振り回されるのか。人々を揺さぶる「厄介な感情」を政治思想の観点から多角的に考察。

978-4-334-10224-1

1298

漫画の未来
明日は我が身のデジタル・ディスラプション《破壊的変革》

小川悠介

スマホ向け漫画「ウェブトゥーン」の台頭に、絵を自動で描く「生成ＡＩ」の進化。デジタル時代に、漫画はどこへ向かうのか？　取材を重ねた記者が、経営・ビジネスの観点からその未来図を探る。

978-4-334-10225-8

1299

死なないノウハウ
独り身の「金欠」から「散骨」まで

雨宮処凛

失職、介護、病気など、「これから先」を考えると押し寄せる不安……。各界の専門家に取材し、役立つ社会保障制度などを紹介する、不安な人生をサバイブするための必須情報集！

978-4-334-10226-5